梦山书系

JIA YOU ER NÜ

家有儿女

防性侵教育家长读本

林甲针 等/著

海峡出版发行集团 | 福建教育出版社
THE STRAITS PUBLISHING & DISTRIBUTING GROUP

图书在版编目（CIP）数据

家有儿女：防性侵教育家长读本/林甲针等著．—福州：
福建教育出版社，2016.1（2018.8重印）

ISBN 978-7-5334-7073-9

Ⅰ．①家…　Ⅱ．①林…　Ⅲ．①性教育－儿童教育－
家庭教育　Ⅳ．①G479②G78

中国版本图书馆CIP数据核字（2015）第299226号

Jia You ErnÜ

家有儿女——防性侵教育家长读本

林甲针　等　著

出版发行	福建教育出版社
	（福州市梦山路27号　邮编：350025　网址：www.fep.com.cn
	编辑部电话：010-62027445
	发行部电话：010-62024258　0591-87115073）
出 版 人	江金辉
印　　刷	福州华彩印务有限公司
	（福州市福兴投资区后屿路6号　邮编：350014）
开　　本	890 毫米×1240 毫米　1/32
印　　张	6.375
字　　数	100千字
插　　页	1
版　　次	2016年1月第1版　2018年8月第2次印刷
书　　号	ISBN 978-7-5334-7073-9
定　　价	20.00 元

如发现本书印装质量问题，请向本社出版科（电话：0591-83726019）调换。

其他作者

陈传宝，教育硕士，中学心理健康教育高级教师，对青春期教育有深入研究，主持和参与多个课题获省级大奖。

汤月仙，浙江师范大学心理健康教育专业毕业，国家二级心理咨询师，擅长青少年心理成长、亲子关系辅导。参与编写《高中生职业生涯规划与班级团体辅导》。

郑蓓蓓，宁波大学教育心理学系毕业，曾获得第二届全国中小学生心理健康录像课二等奖。参与编著《构建青春"性"防线》，多篇论文发表或获奖。

周光顶，中学心理教育高级教师，执教课程入选教育部学科德育精品课程。参与编写了浙江省心理健康教材《快乐的小学生》、《青春期困惑与团体辅导》等书。

目录

序言 / 01

第一章　远离性侵害，从家庭教育开始

一、什么是性侵害 / 004

二、性侵害事件频发 / 006

三、遭到性侵害，会严重伤害孩子的身心健康 / 008

四、防止性侵害，家庭教育特别重要 / 013

第二章　建立良好的亲子关系——预防性侵害的前提

一、不管怎样，接纳孩子 / 025

二、用心倾听，让爱流动 / 032

三、肯定孩子，心有归属 / 042

四、管理情绪，做EQ高手 / 049

五、有效表达，欢畅沟通 / 054

第三章　树立防范意识——建立预防性侵害的防火墙

一、懂得身体自主权 / 065

二、了解性侵害容易发生的时间点 / 073

三、了解性侵害常发生的地点 / 077

四、清楚可能实施性侵害的对象 / 081

五、关注容易被忽视的性侵害群体/ 091

六、看清性侵害实施的手段 / 099

七、坚持正确的价值取向，抵制"美丽"的诱惑 / 108

第四章　树立生命第一的观念——正确应对性侵害

一、明确态度，及时喝止 / 115

二、识别环境，寻求帮助 / 119

三、评估能力，反抗OR智取 / 121

四、受到威胁，生命第一 / 126

五、掌握技巧，逃脱险境 / 136

第五章　疗愈心灵创伤——把性侵害的影响降到最低

一、三步观察孩子是否遭到性侵害 / 153

二、陪伴孩子，抚慰受伤的心灵 / 156

三、心灵重建，相信明天会更好 / 166

四、拿起法律武器，保护未成年人权益 / 178

预防性侵害，家庭教育不能缺位

2015年6月，网上爆出一则让人心痛又心堵的新闻：江苏某地一个22岁女孩，遭受继父长达10年的性侵害，最后留下遗书自杀。这个女孩很小的时候，父母就离婚了。她跟着妈妈生活，后来随妈妈改嫁，从此噩梦就开始了。从她12岁被继父强奸开始，长达十年继父不断地对她进行性侵害。大学毕业后开始工作，这个禽兽继父仍旧偷拍她。最后身心俱疲的她，决定选择自杀来结束这一切。就这样一个年轻的生命陨落了。

2015年9月，光明网爆出新闻：一个10岁农村留守小女孩遭到村干部猥亵，被性侵，还被强迫看裸照。10岁的女孩小花和3岁的弟弟跟着奶奶去村委会开会，奶奶进会议室开会，小花带弟弟在隔壁房间玩。村干部李某林把他们带到了村支书办公室，对小花进行了性侵害，乱摸她的脚、胸部和下体等，小花拼命挣扎，最后趁着李某林接电话的空当，小花才带着弟弟跑了出去。而不知情的奶奶还曾一度生气地要教训孙女。

……

这样的事情离我们并不遥远。在我们身边，这样的事时有发生，只是没有引起关注，这些现实存在而又没有引起足够关注的事，是否能让它消失呢？以前不是问题的事，怎么今天就成为一个公共问题呢？

时代变了，家长如何教会孩子免遭性侵伤害？

对于"爱"与"骚扰"如何界定，什么样的场合不能让孩子进入等，家长真的需要学习，特别是性的教育更需要学习。

……

"自然狂想曲"（网名），经常会和同事交流孩子的教育问题。休假在家的她，在和小朋友们玩游戏时，提醒孩子们有秘密要告诉妈妈，不要替坏人保守秘密。没想到，这个简单的互动游戏，却让她了解到了一个令人发指的罪行。游戏中，14岁的雪儿（化名）嘴唇紧闭，眼泪汪汪。她起身告诉"自然狂想曲"："我有个秘密，杨老师把我侮辱了。他把我抱到办公室，脱下我的裤子……"

中小学生性侵害、性骚扰事件时有发生，施暴者可能是孩子最尊敬的老师，最亲近的父亲（继父），最信任的叔叔，最亲密的伙伴，也可能是隔壁家的爷爷……

这些案例在网络、电视和报纸中，我们经常会看到，只是没有发生在身边，没有发生在自己亲人的身上，没有切身体验。

有资料显示，在中小学生性侵案例中，熟人伤害占百分之八十。

某民族初中，小妮和小星是同学，半年后，她俩成为学生会的干事。两人一起学习，一起工作，关系很好。

初二上学期，在处理一个同学违纪的事时，她俩产生分歧，加上之前对一些小事产生的误会，"新仇旧恨"涌上心头，小妮不理小星了。小星也觉得小妮不可理喻。

初二下学期，小星转学了。她与新同学聊起了在原来学校的委屈，同学们觉得此仇要报，并且可以利用周末时间摆平此事。

周六下午，小星带着四个女同学来到原来的学校，叫出了正在教室自修的小妮，一番哄骗后，把小妮带到河边的空地上，进行围殴。后被一个老伯发现，喝退了一群孩子。

但小星四人还是强行把小妮带到某公园的山坡上。先是殴打，然后脱下了小妮的秋衣、胸罩、内裤……并且拍了裸照。

小妮没有和任何人说起，本想息事宁人了。

第三天，学校的政教主任找到她，问起了这事，主任说她的裸照在学校好多同学的手机里都出现了，在某QQ空间里也有。

事后，小妮的家长来到学校，考虑再三，没有报案，怕二次伤害孩子。

……

女生伤害女生，同龄人相互伤害，触目惊心。暴力、性、污辱，无恶而不为……

这是捐给山区留守儿童的。这些可爱的孩子们，他们没有安全的保护伞，没有足够的自我防范意识，很多都会受到伤害和不公正的待遇，希望通过自己的微薄之力，送去一些温暖，让他们通过书本强大自己！

这是拙著《构建儿童"性"防线——小学生防性侵教育读本》的一个读者在当当网的留言。她购书是为了做慈善，正如她说的，通过这本书让孩子们强大起来。

那是一本给老师上课用的书，让老师在课堂上能重视这个话题，让孩子知道人世间并不是像教科书里写的那么完美和纯洁，真真切切的伤害每一天都在发生；同时让孩子们学会一些防范的方法，在自己面对危险时，不至于无计可施。

对于防范性侵害，家长负有重要责任，因此家长们更要懂得方法，树立意识，知道沟通，明白善后……

哪怕好长时间因为讨生活不在孩子的身边，也要时常关心关注孩子，或者可以将这本书作为礼物送给孩子。

所以我们在完成了《构建儿童"性"防线——小学生防性侵教育读本》和《构建青春"性"防线——中学生防性侵读本》后，感到很有必要写一本给家长读的书，我想不管来自哪个阶层，了解这些知识，对孩子的教育来说应该都是有必要的。我们主要从以下几个方面来论述：

1. 远离性侵害，从家庭教育开始

2. 建立良好的亲子关系——预防性侵害的前提

3. 树立防范意识——建立预防性侵害的防火墙

4. 树立生命第一的观念——正确应对性侵害

5. 疗愈心灵创伤——把性侵害的影响降到最低

几名草根的心理健康教育工作者，长期扎根在学生的生活中，从孩子的视角，以心理学的高度，通过深入浅出的语言，为家长展示了一些问题，提出了一些方法。

选题—论证—初稿—修正—再修正，历经一年多，倾注了大量的心血。

鉴于我们的水平有限，不足或错误之处方请方家批评指正。

远离性侵害，从家庭教育开始

与友聊天，谈起青春期。

友说，某职业学校的一个女生小雨，成绩挺好，是职业学校里可以考上本科的人。在班级里，老师感觉她是最让人放心的。

女生个子不高，有点胖，整天穿校服，也看不出她的身材到底怎样。有一天夜里八点，晚自修下课后，小雨说自己肚子痛，是很剧烈的那种疼。同学们七手八脚地把她抬到医务室。值班的女医生撩起她的校服，惊呆了：这个女生不是怀孕足月了吗？女医生很肯定。通知家长，马上送医院，第二天生下了一个六斤多的男婴。事情发生了以后，家长觉得不可能，同学们也觉得不可能，老师更是觉得不可能，可是事情确确实实地发生了……

有点不可思议，就在寝室八个同学朝夕相处的眼皮底下，就在一个最优秀班主任的眼皮下最听话的女生，一个有目标有追求的女生，要生孩子了也不知道。

第一章
远离性侵害，从家庭教育开始

我不知道这个女生是如何熬过这几个月的，可以肯定这几个月是她人生最黯淡的日子，她担心社会舆论，她担心家长和老师的眼光，也担心孩子的……

后来才知道，小雨在去年"五一"休假时，回到乡下老家，一个很偏僻的山村。小雨家独门独户，父母外出打工，只有年迈的爷爷奶奶在家。一个夜晚，她被村子里一个男人性侵了。

也有耳闻，一个初二的女孩，在网上遇到一个"阳光男孩"，一来二去就网恋了。于是，女孩远走广州，去与"阳光男孩"见面，结果遭到性侵。留在广州，同居、怀孕，一年后，女孩回家了，带回来"阳光男孩"。家人一见所谓的"阳光男孩"却是一位六十来岁的老男人……

父母特别伤心，欲哭无泪，打落牙齿肚里吞，无话可说。

性教育始于幼儿期，家长是第一任老师，掌握家庭性教育的理念、知识和方法特别重要。面对社会的多元化，新的理念不断冲击着人们的神经，让人目不暇接，而我国大多数家长没有接触过科学的性教育，难以胜任对子女的性教育工作，更有一些家长的一些言行会对子女造成负面影响。因此家长了解性教育知识和防性侵知识显得尤为迫切。

一、什么是性侵害

学生受到性骚扰和性侵害在近几年成为社会各界关注的焦点，关于儿童在校园内遭受性侵害的案件频发，校园性侵害已经成为校园秩序和儿童安全的重大威胁。在这些案件中，有的是不法分子闯入学生宿舍施暴，有的是学生在校园外被胁迫劫持，还有的是极个别校长、教师利用职务便利对学生实施伤害，更有的是学生之间互相伤害。

美国学者Fitzgerald（1990）提出了最具功能性的实证定义，以连续性的观念来看性骚扰行为，认为性骚扰是总括性名词，包括程度轻微的性别骚扰至最严重的性侵害，其中依情节轻重，分为五个等级：

1.性别骚扰：传达侮辱、诋毁或性别歧视观念的一般性性别歧视语言或行为。

2.性挑逗：包含一切不受欢迎、不合宜或带有攻击性的口头或肢体上的行为。

3.性贿赂：以利益承诺（如雇用、升迁、加分、及格）的方式，要求性行为或与性相关的活动。

4.性要挟：以威胁惩罚的方式，要求性行为或与性相关的活动。

5.性侵害：包括强暴及任何具有伤害性或虐待性的性暴力及性行为。

台湾地区的学者陈若璋（1993）经过研究，将性骚扰、性侵害行为依照严重程度，区分为三个等级：

第一级性迫害：包括语言猥亵或讲黄色笑话，意指言语骚扰。

第二级性迫害：包括暴露身体隐私处，被碰触、抚摸身体如胸部、臀部，强迫亲吻，被拍裸照，加害者表演猥亵举动或色情性行为。

第三级性迫害：包括抚摸生殖器、被强迫性交、被强迫口交或肛交、被强迫性交且有凌虐行为。

由于性骚扰与性侵害属于不同的性歧视行为，为了使研究更深入及完整，根据以上文献资料，本书所采取之性骚扰及性侵害的定义如下：

性骚扰是指一个人以某种利诱或威胁进行要挟，将自己的性要求强加于他人，迫使他人服从自己的性意志。包括语言上的侮辱、威吓，对身体的猥亵和性的引诱、挑逗等，违背本人意愿的拥抱、接吻、抚摸等身体接触。

性侵害是指加害者以权威、暴力、金钱或甜言蜜语，引诱、胁迫受害者与其发生性行为。性侵害是最直接的性暴力行为，它不只违反了当事人的身体自主权，也威胁到当事人的身体、心理安全，这种伤害通常不只是肉体上的，而是深及心理层次和一辈子的伤痛。

二、性侵害事件频发

前一阵，一则"湖南14岁少女三度怀孕"的新闻充斥各大新闻客户端的头条。在报道中，这位名叫思思的少女，在11岁时便遭到74岁老头性侵并产子，与多位网友聊天聊上床，情节之狗血令人咋舌。

显然，在她并不成熟的观念里，性爱已成为一种获取安全感以及物质帮助的手段，而这种想法源于首次受到性侵害时，家人的不接纳造成的自我否定与价值观扭曲。

另一案例，就发生在笔者的周边。

一所私立学校，三年级，一名27岁的任课男教师，以辅导学生课业的名义，叫女生单独到他房间，一起做一个叫"吃棒棒糖"的游戏，通过表扬和威吓相结合的手段，以达到其不可告人的目的。

所谓的棒棒糖游戏，就是先用红领巾蒙上学生的眼睛，然后老师在自己的生殖器上涂上蜂蜜，用指导语让女生舔。

在半年多的时间里，受到伤害的学生有许多。

十岁的女孩，知道老师耍流氓，可是回家不敢说。

曾有学生跟家长向学校反映，称这个老师经常和女学生单独玩"游戏"。家长们并不知道游戏的细节，总感觉是老师关爱孩子，也认可老师是一位工作认真、业务精湛的好老师，所以没有在意。

后来，一个女孩经过激烈的思想斗争，决定回家跟家长说，老师跟她单独做游戏的时候，对她耍流氓了。

那位家长随后和同班其他学生家长说了这事，家长们才与孩子沟通，发现许多孩子都有这样的经历。

那么这个老师是怎样的人呢？他是该校的一名业务骨干，多次获得省市教育教学大奖；家有妻女，是有责任心、有担当的"好"男人。

这只是近年来众多严重性侵害事件中的两件，这样的事件并不鲜见，只是很多人觉得没有发生在自己身边，没有引起足够的重视罢了。

资料显示，在儿童性侵案件中，近一半的受害者是不满14岁的女童，被害人与施害者属于熟悉关系的占65.7%。不少女童遭到侵害后，由于年幼无知，有的难以启齿，有的是受到威胁，因此不敢告诉大人或者及时报案，而有的监护人在发现女童受侵害后，顾及受害人的名誉，害怕亲戚关系或邻里关系受影响而不愿报案，宁愿私下了结。因为没有及时报案，不少加害人没有得到应有的惩处。

三、遭到性侵害，会严重伤害孩子的身心健康

许多研究表明，遭受性侵害的孩子在相当长的时间里，会不同程度地产生一系列心理症状，比如恐惧、焦虑、抑郁、暴食或厌食、不喜欢自己的身体、对身体有异样感、自尊心受到伤害、行为退缩、攻击性行为、注意力不集中、滥用药物、自杀或企图

第一章
远离性侵害，从家庭教育开始

自杀。

性侵害对儿童身心健康会产生长期的不良影响。如果没有得到足够的帮助，成年后多会在人际关系方面遇到困难，难以与异性建立亲密关系，有人还会多次受害。

小芳，今年28岁。五六岁的时候，她在乡下老家被一个叫明明的人带到野外，说是一起抓小鸟玩。明明平时对她很好，小芳觉得和他在一起有安全感，她没有拒绝，高高兴兴地去了。

只记得，在一个菜园子的角落里，他脱了她的裤子，在她的下身摸，有点疼。她不知道那是不能做的事，也没有告诉家里人。后来在同一个地方被他性侵了好几次。

对于这件事，她长大了才明白是怎么回事。

这件事严重影响了她后来的恋爱。第一次找男朋友的时候，她有一种破罐子破摔的想法，觉得自己已经不干净了。一个渣男对她好一点，她就对他感恩不尽，为他献身了，后来因为两人不合适，就分手了。

从此以后，她对男人始终保持远观状态，就算暗恋的男生向她示好，她也没法回应。

就这样，直到现在小芳也没有男朋友，身边的男人哪怕是长辈，对她好一些，她都觉得人家不怀好意。

小芳也清楚身边那些人，不管是人品还是什么都不会对她有那种想法。但是她自己有强迫性思维，不能自已。

她恨那个明明，成年后曾经想过告他强奸，可只是想想而已。时过境迁，平静的生活经不起折腾。而自己多次搬家以后就再也没见过他。

28岁的她，有体面的工作，稳定的收入，出有车，住有房。但是小时候被伤害的心理阴影，困扰了她20多年。

面对以后的生活，她困惑迷茫，不知道该怎么办。

1. 性侵害对孩子身体的伤害

由于孩子还没有发育成熟，性侵害直接摧残着他们的身体，性侵时有些施暴者为了满足自己的变态欲望和不被人发现，会对孩子采取堵嘴、卡脖子、按倒等方式限制孩子的人身自由，使孩子不敢反抗。在施暴的过程中，孩子的身体会受伤，下身因受到伤害而疼痛，严重的会导致孩子残疾或死亡。更有甚者，由于侵害者的传染，受侵害者会被传染上疾病，进一步危害其健康和生活。

第一章

远离性侵害，从家庭教育开始

2. 性侵害对孩子心理的伤害

12岁的小华被表哥性侵后，变得郁郁寡欢，见人就躲。性侵害已经部分地改变了她的性格和行为，影响到她对周围世界与他人的看法，直接给她幼小的心灵带来阴影。研究表明，早年性伤害可造成受害者出现许多精神症状，也会在受害者心理上形成某些病理性的特质。如易患精神病、抑郁症、狂想症、神经衰弱，对其人格发展产生严重后果。

011

3. 对社会的危害

人们容易忽视性侵害的长远危害，那就是性侵害受到伤害的不仅仅是孩子本身，孩子的家庭、孩子所在的学校以及整个社会都会由此受到不同程度的伤害，这种危害是长期的、严重的。

从性侵害发生后的一些相关反应中我们看到，其危害性表现在：一是在暴露后，不少受害者的家属进行否认；二是一些受害者的家属暗自进行调解活动，企图通过中间人和对方私了。

应该说，受害者家属不是不知道孩子是受害者，也知道应该站出来指证、惩罚作案人，相关人员也不是不懂法律，关键是他们都知道这件事情一旦暴露、流传出去，对孩子的声誉会产生非常恶劣的影响。而这两种反常的行为在掩盖侵害、弱化事实的同时也间接推动了侵害的再次发生，对社会形成更大的危害。

在成年女性犯罪中发现，犯罪女性有相当比例是在早年受到性侵害，形成了一个由受害者到施害者的角色转换，这些应该说是早年性侵害带来的后遗症，给他人和社会造成更大的危害。因此，性侵害对受害者潜在的伤害可能会侵蚀其一生的幸福，并危及他人和社会。

童年的创伤，当时的画面、身体的感觉、气味、声音和想法都会被原封不动地封存起来。孩子可能会忘记了某一件事，但记住了不良刺激的情绪和感觉，这种感觉影响可能很深，而且会持续很长时间。

研究表明，小时候的心灵创伤如果没有得到很好的处理，就会影响孩子人格的发展，产生很多不正常的问题，进而演变为各种人格障碍。这是所有为人父母者不想看到的。

四、防止性侵害，家庭教育特别重要

一个性侵儿童的罪犯曾说："一个完全没有性知识的孩子交到我手中，就一定会被我淫辱。"他的话让我们感到社会上就有这么些人，为达到自己的性目的而不择手段。这也提醒我们家长要时时防范。最好的防范是教会孩子自我防范，教孩子如何面对这些可能会伤害自己的人和事，是做父母的重要课题。

1. 克服孩子性教育中的几个误区

（1）我家的是男孩，不可能遭到性侵犯

有报道说，一个服装店女老板，家有一个四岁儿子叫强强。她雇了两个店员，一个是四十多岁的洪大姐，一个是二十多岁的陈姑娘。陈姑娘平时对强强特别好，给他讲故事，带他玩游戏。强强叫她姐姐，很亲热。她偶尔中午陪强强睡午觉。

有一天下午两点多，强强午睡后，一直哭，说自己的"小鸡鸡"痛。妈妈仔细一看，强强的阴部红肿，像是受到外力伤害的。强强说，在睡觉时，陈姐姐用嘴亲强强的"小鸡鸡"，很用力，很痛。

男孩也是性侵害的对象。这也是近年来才引起社会关注的问题。近年来随着男男同性恋引发艾滋病的问题，男男性侵、女女性侵才逐渐进入大众的视野，也迫使家长进一步认识和反思对孩子的性教育问题。

（2）我家孩子小，性侵只会针对大一点的孩子

有家长认为，性侵害是青春期孩子的事，不是小孩子的事，这是一个认识的误区。在报道的性侵害事件中，小孩子被性侵害的屡见不鲜。

事实上，性侵犯可能发生在任何年纪的孩子，甚至几个月大的婴儿身上。陕西曾有一个11个月大的女婴小萌萌，被同村的男子猥亵。

据美国国家失踪及受虐儿童中心（NCMEC）统计：美国

有五分之一的女孩和十分之一的男孩在18岁以前受到过性侵犯；12岁以下的儿童中，侵犯者欺凌比自己弱小的孩子，未必只为了满足性欲，他们可能只是为了从中满足自身的权力感，并凭借侵犯孩子，来消弭生活上的压力、挫折及本身的自卑感。因此，家长要从小保护好孩子，对孩子的性保护教育也应从小抓起。

（3）顾虑很多，私下了结

受传统思想的影响，孩子受到伤害后，顾虑自己的面子，考量孩子的生活环境，也考虑孩子长大后的婚嫁，更考虑施害者受法律惩处等等，很多父母采用私了的办法，但这种办法会留下很多后遗症。

未成年少女小静在某小学就读期间，多次遭到老师陈某的猥亵。家人发现后本想报警，不过陈某苦苦哀求并写下保证书，他们就放弃了这种想法。不料，陈某仍对小静纠缠不休，且多次强行与其发生性关系。

用私了的办法解决性侵事件，表面上看似解决了，实际上却变相鼓励了施害者变本加厉对孩子造成多次伤害。这对孩子是不公平的，而且罪孽没有得到清算，给了罪犯以再犯之机，还会危害社会。

2. 建立良好的亲子关系

五月中旬，下午一点多，某中学操场边，王老师走进男厕所，听到女厕所传来婴儿的啼哭声。怎么可能呢？王老师不相信自己的耳朵，他马上叫来传达室门卫的夫人进入女厕所，发现一个血淋淋的新生命在挣扎，但没有发现孩子的妈妈……

十分钟后，110、120先后进入校园。在操场一个角落找到了一个傻傻的女生——初三某班女生小红，也是新生儿的妈妈。随后小红和新生的婴儿都被带到了医院。

警察问小红的妈妈，孩子怀孕都不知道吗？

小红妈说，她做小生意早出晚归很忙，小红放学后自己吃饭，等她回来孩子已经睡了，就这样母女俩之间没有什么交流。她只觉得女儿最近有点胖，就叫她晚餐少吃点，谁也想不到胖是因为怀孕。

后来警察调查，小红也说不清孩子父亲到底是谁。她也不想说是被性侵的还是自愿的。

一个鲜活的生命就在初中学校的厕所里诞生了，是在所有人都没有准备的情况下。小红的父母亲在对孩子的性教育中严重缺位，导致不可收拾的局面，值得天下父母们思考。假如孩子碰到困难会寻求帮助，假如父母是孩子的贴心人，假如亲子沟通是顺畅的……就不会出现这样的尴尬。

沟通的效果要看对方的反应。建立一个健康的亲子关系才是最重要的。良好的沟通要具备两个条件：一是态度，二是技巧。

态度包括尊重、接纳等，技巧包括倾听、同理、我信息、NLP（神经语言程序学，也有的意译为身心语法程式学）、支持肯定……

3.培养自我保护意识

培养孩子的自我保护意识，学会如何处置危机事件，对孩子的成长特别重要。当出现以下情况时，孩子就得提醒自己：

大人带他到隐蔽的地方，讨论关于隐私部位的话题；

让他脱裤子脱衣服；

让他看一些裸露的照片、视频；

大人抚摸他的隐私部位，或者让你摸他（她）的隐私部位；

他（她）的隐私部位触碰孩子的身体。

一旦有人这么做，要勇敢说"不"，果断拒绝，立即想办法离开。

让孩子知道容易发生问题的时间、地方和可能的人员。

对于青春期的孩子，坚持拒绝熟识的同龄异性的非分要求；警惕防范成年异性的性侵害；坚决不去可能发生性侵害的不安全地方。坐出租车、一个人在家等情境下要随时提高自我防范意识。

4. 教会方法和技巧

"要坚决地说'不'，或是'不要这样做'，又或是'走开'，这样的反应能吓退想侵犯孩子的人，使他想想是不是选错了下手的对象。"

家长可以帮孩子演练一下，这样有事发生时，他（她）就会有自信，能大声说"不"，快快走开，并告诉你发生了什么事。

演练时，孩子也许看起来完全明白要怎样做，但过不了几个星期，他（她）很可能就会忘记，所以要经常跟他（她）演练。

对于已经进入青春期的女孩子，如果强奸一触即发，呼救、逃跑都无果时，如何做最后的"挣扎"呢？

一个女高中生曾在自家楼下险些被强奸，她在被刀抵肋时，冷静地和施暴者聊起天来。一个生活在社会底层的施暴者竟开始向她倾诉自己的遭遇。还有一个女孩曾经在熟人作案时，用手指抠喉咙吐了自己一身食物残渣，施暴者马上失去了侵犯她的兴趣。

如果以上行动都没起作用，那就只能以暴制暴了！一定要抓准时机，攻击施暴者的下体、眼睛等弱势部位，触手可及的发卡、钥匙、高跟鞋都是武器。实在无法抵抗时，要记住，命比什么都重要！

记住犯罪分子的特征，尽量在他身上留下抓痕，及时向公安机关报案，协助公安机关捉拿罪犯归案。

也可掌握一些简单的防身术，关键时刻救命用。

建立良好的亲子关系
——预防性侵害的前提

第二章
建立良好的亲子关系——预防性侵害的前提

一日课上，初三女生小雪说自己肚子疼痛，要求上厕所，任课老师准许了。大约30分钟，小雪才重回教室。放学后小雪向同学交代了下，下午如果迟到帮忙向老师请假。

中午管理老师在厕所发现一名婴儿，学校报警。经警方排查后，婴儿系小雪所产。

小雪的父亲是个工人，性格懦弱；母亲脾气暴躁，家中以母亲为中心。小雪八岁之前随父亲到城里生活、读书，母亲则在乡下。父亲对小雪一直宠爱有加，尽量满足小雪的要求。小雪和母亲不经常见面，而且母亲的性格强势、暴躁，对小雪的要求高，看到小雪的一些小缺点、小错误往往就训斥、打骂。母亲经常的打骂，使小雪认为母亲对她很不好，不爱她，对母亲的抵触情绪很大。

后来父母离异，小雪跟随母亲。进入青春期，小雪的叛逆心理变得更强，与母亲的关系弄得很僵，几乎不跟母亲说话，还时不时地争吵。

虽然与母亲沟通存在严重的障碍，但小雪内心深处渴望理解、渴望得到爱。母亲都不喜欢自己，在小学六年级时却有一个男生对小雪好，于是小雪就跟那个男生好了。

为了小雪将来有个好前程，母亲费尽心思，不惜花重金托人将女儿送进重点中学。但小雪对这些似乎不以为然，不理解母亲的苦心。初一小雪早恋了，母亲发现后使用强制手段进行阻拦，断绝一切有可能联系的方法。在母亲的干涉下，他们最终分手了。这使小雪特别伤心，觉得是母亲破坏了她的幸福。母女之间经常打骂，母女关系跌到了谷底。

初二时，小雪在网络上认识了一名对她关心的社会青年，寒假时两人发生了关系。母亲曾注意到孩子没来例假，小雪回答"班级其他女同学也都这样的"敷衍了事。母亲也曾注意到小雪发胖了，但由于母女无法沟通，只带她去买了些减肥药。事发当天放学回家休息，小雪也未向母亲说明。经警方排查后，母亲才得知真相。

时有耳闻有叛逆女儿不听管教，与父母闹矛盾后离家出走而遭受性侵的事件。

在传统教育思想的影响下，人们常把教子成才与孩子个人前途、家庭幸福、光宗耀祖联系在一起。而现代教育往往

第二章
建立良好的亲子关系——预防性侵害的前提

是以提高学习成绩，应对考试、升学为目标。家长抱着"望子成龙"、"望女成凤"的心理，过分注重智育，急于求成，只要有个好成绩，其他的什么都可以不管。

目前，不少孩子在家里都是小皇帝、小公主。当孩子呱呱落地，父母一直用各种方式去爱护，一直尽力为他（她）的成长创造各种条件：用进口奶粉，选择高级幼儿园，送孩子学钢琴、学书法、学绘画，直至选择优质小学、优质中学，陪着孩子学习……家长对孩子过分溺爱，为他们扫除前进道路上的一切障碍，导致现在很多孩子"衣来伸手饭来张口"。

可悲的是，这样全身心付出的亲子教育，却使孩子出现了前所未有的问题，产生了自闭、躁动、反抗、冷漠等心理疾病，孩子脾气越来越大，与父母说的话越来越少，甚至还有的和父母怒目相对，形同陌路。父母成了孩子"距离最近的陌生人"。

本应该最为亲密的亲子关系，现实中却是家长觉得孩子越来越不听话，孩子也不愿把心里的想法和家长分享。

这是我们的孩子出现了问题吗？我们都复印过文件，复印件上有错别字，是复印件的问题还是原件的问题？答案不言而喻，当然是原件的问题。亲子教育专家也持同样的观点，认为孩子是家庭的一面镜子，孩子的问题也是家长的问题。

　　家长对孩子只有爱是不够的。以为有了爱就可以教育孩子的父母其实并不一定能使孩子健康成长，甚至不足以与孩子切实地交流。爱孩子，是母鸡也会做的事情，动物也会爱它的幼崽，所以家长整天把"爱"放在口头上，并不意味着孩子接受家长的爱。打个比方，一位对患者有无限爱心却缺乏专业技能的外科医生，你愿意接受他为你做手术吗？医生需要专业的技能培训才能上岗。请问，作为家长的你有没有接受专业的培训呢？有没有"父母上岗资格证"？

　　当我们运用语言去抚慰孩子的心灵世界，要意识到语言是把双刃剑，使用得当是去除病痛的利器，而使用不得法，就会带来精神上的极大痛苦，其破坏力甚至是致命的。家长应当像一位受过技能训练的医生，小心地、恰当地使用语言，用特别的方式与孩子相处、交谈，两代人才能和谐相处。

　　因此，家长需要掌握和孩子有效沟通的技巧、接纳孩子的技巧、倾听孩子的技巧、处理孩子情绪的技巧等等。

第二章
建立良好的亲子关系——预防性侵害的前提

一、不管怎样，接纳孩子

一天，家里来了一位久未谋面的闺密，我们回忆儿时的欢声笑语，谈家庭的柴米油盐，聊情感的酸甜苦辣，话工作的废寝忘食。当时，我们谈得乐不可支，完全沉浸其中，忘记了宝贝。这时孩子自己拿了一盒牛奶，在戳吸管时，不仅不小心将牛奶溅了一地，还弄脏了客人的衣服。这时你会怎么做？

一般情况下，我们会将孩子训斥一番。

然而从儿童心理学和教育学的角度看，家长的这一做法十分不利于孩子的成长。因为每个孩子都有很强的自尊心，不希望家长对他们大喊大叫地批评："怎么这么不小心！"

批评、指责、训斥等会让孩子难堪，内心充满自责、恐惧，认为犯错太可怕。

其实人生就是一个学习的过程，成长是一个错了再试的过程。对于孩子而言，"失败"的经验和"成功"的经验一样可贵。

在这种情况下，孩子需要得到家长的接纳，才能更好地成长。

建立良好的亲子关系关键是"接纳"，是家长"无条件地接纳"。家长无条件地接纳是指不管孩子的表现是什么样的，不管孩子身上有哪些优点和缺点，不管孩子的态度如何，家长都要无条件地接受孩子、支持孩子，让孩子很有自我价值感，很有安全感。无条件地接纳说来简单，做起来却是一件相当不容易的工作。

生育时，父母是接纳孩子的。但只要当孩子长到会说话，许多父母就会开始对孩子"有条件"。

这里先和大家分享一个故事。

绘本《我永远爱你》讲的是：阿力想为妈妈做早餐，不小心把妈妈最喜欢的碗打破了，他很担心妈妈会责骂他。于是，他跑去找妈妈，问妈妈"妈妈，是不是只有我乖的时候你才爱我？""要是我做了不好的事情，你也爱我吗？"等问题，来测试妈妈是不是爱自己。阿力的妈妈总是不厌其烦地告诉阿力："我永远爱你！"当妈妈看到地上的九片瓷片时，妈妈没有生气。后来，阿力给妈妈画了一个"阿力爱妈妈"

的碗，妈妈笑着说："这是我新的最心爱的碗！"母爱的宽容博大常常令我们赞叹，假如没有妈妈一次一次回答阿力"我会永远爱你的"，阿力可能获得最大的抚慰和安全感吗？每一次肯定地回答"我永远爱你"，让阿力看到妈妈对打破碗的宽容，对他的爱的程度。这才是接纳，对一个孩子无条件的接纳。

当孩子犯错误时、失败时、不如意时，我们会给孩子一个个肯定的爱吗？会完全无条件地接纳他吗？

我们经常看到的是：当孩子取得一定成绩的时候，不断地夸奖和赞赏孩子；当孩子失败的时候，家长冷言冷语，不断施压。孩子就会认为，家长接纳的只是成绩而不是我这个人，感受不到自身的价值。

当孩子体会不到价值时，他（她）还会努力吗？

家长对孩子的全面接纳非常重要，这需要一定的技巧。

全面接纳孩子，面对他们的感受可以归纳为：

● 全神贯注地倾听孩子说话。

● 用"哦……""嗯……""这样啊……"来回应、认同孩子的感受。

● 用适当的词语说出孩子的感受。

● 借助幻想的方式来满足孩子的愿望。

孩子需要我们回应和了解他们的感受。类似"你做得对"这样的回应方式，也许能让孩子得到暂时的满足，但是，却妨碍了孩子的自我反省。

例如：

孩子：老师说要取消我们的表演。她真讨厌！

家长：你们彩排了很多次了！你说得对，她真是够讨厌的！

相反，从下面的对话方式中，可以看出：如果接纳孩子的感受，就能让孩子积极地思考问题。

孩子：老师说要取消我们的表演。她真讨厌！

家长：那你一定很失望，你期待了那么长时间！

孩子：是啊。就因为彩排的时候，有几个同学捣乱。那也是他们的错啊！

家长：（安静地听）

孩子：而且大家都不知道自己该演什么。老师很生气。

家长：原来是这样啊。

孩子：她说如果我们好好演，就再给我们一次机会……我最好还是再复习一次我那部分。你今天晚上提醒我，好吗？

从这个例子中，我们可以看出孩子在情绪低落的时候，需要有人能够接纳他（她）的感受。

接纳孩子的几点建议：

1.可以不认同你的某种行为，但对你的爱不变。

人人都渴望获得别人的接纳，孩子更是如此。

完全接纳孩子，无论孩子美丑，无论孩子表现如何，我们都接受。

无论孩子对错、无论成功与否，都用爱去包容、去接纳。

无论孩子的想法如何，都理解、尊重孩子的想法和感受。

完全接纳孩子，接纳正面积极的优点，接纳负面的缺点，这样孩子才会轻装上阵去探索内在的世界。

完全接纳孩子，避免用命令的语气同孩子说话。因为警告、责备、拒绝语气的消极语言最容易激起孩子的反感。

一般采用建议性的语言，如"宝贝，咱们得快点，不然你会迟到的。""这件事我觉得这样做比较好，你觉得呢？"让孩子感到我们的要求是出于为他考虑。这样能让孩子愉快地接受我们的建议，不会因为逆反情绪而故意跟我们对着干。

在规范孩子的行为时，父母可以蹲下来，眼睛正视孩子，拉着他（她）的手给他（她）讲道理，或者干脆搂着他（她）的肩膀，用温暖的怀抱来降低孩子的"敌意"，让他（她）意识到即使他（她）做错了父母还是爱他（她）的。我们应该让孩子清楚，做错事受到批评，不是因此不再爱他（她），而仅仅是因为不认同他（她）的某种行为。

2.孩子的情绪没有对错，有对错的是表达方式

人类日常生活中有喜、怒、哀、惧四种基本情绪，一般情况下认为喜是好的，其他的都是不好的。当家长面对孩子作业不会做这种问题时，总是不耐烦地说："这么简单的题目都不会，没动脑子啊！上课都在干什么？自己想！"

其实，情绪本身并没有对错，只是情绪背后的原因和动机不同，才会让孩子有这样的情绪反应。家长不妨这样说："是吗，那么难，让我来看看。嗯，确实有难度，不过我想你好好想想一定能完成。"你以同理心去接纳孩子的想法和情绪，并鼓励他，这样孩子就会试着自己解决问题。经过一段时间，孩子就会形成一个观念：无论我在孤独、难过或遇到困难时，父母都能够接纳我，对我的情绪予以关注、尊重和理解。孩子就会更喜欢你、更信任你，从而愿意接受你的建议。

3.拒绝孩子犯错，即拒绝孩子的成长

请问你偶尔犯错误吗？在我们的一生中，总会犯上大大小小的错误，年幼的孩子更是如此。这样在孩子真正犯错的时候，家长才能更好地接纳孩子犯错的事实。

其实，孩子是在不断的犯错中成长起来的，孩子犯错误是学习的好机会。孩子的错误是他走向成熟、追求成熟的印记；是孩子渴望正确、探求真理的标志；是孩子自己求索人生、完善生命的足迹。

爱因斯坦对待错误有独特的见解："给我一个大的废纸篓，好让我把所有的错误都扔进去。"家长对于孩子的错误要有正确的认识，要乐于、勇于、善于做一只"废纸篓"，去理解、宽容、接纳孩子形形色色的错误。

如果孩子出现错误，家长就大发脾气，对孩子又打又骂，只会让孩子感到伤心、害怕，带给孩子的只是伤害，还能帮助孩子成长吗？家长面对孩子的错误，需要真诚地宽容、接纳，需要及时加以规范，减少错误。家长学会接纳错

误，才能正确看待错误，才能心平气和地去了解隐藏在孩子行为背后的想法，然后用行动去告诉孩子父母仍然爱他（她），同时指出他（她）的错误让父母感到失望，这样孩子就能感受到父母的爱。在这种爱的气氛下，教育才能顺利进行，孩子才能够勇敢地承认并改正自己的错误，才能解决自己的行为问题。

二、用心倾听，让爱流动

孩子：爸爸，我们的测验推迟到下周了。

爸爸：那你就可以轻松几天了。

孩子：不，我不高兴。

不用考试不是正中下怀？为什么却不高兴？这让我们无法理解。

一项调查发现：现在的孩子在家里都不想和爸爸妈妈聊天，认为爸爸妈妈的话题永远都围绕着学习，在学校已经都是学习了，在家还要把一天的情况汇报一遍，真的好烦！真正在学习上和生活上遇到问题向爸爸妈妈诉说时，爸爸妈妈又常常打断孩子的话，对孩子进行说教。

同时，孩子都不喜欢爸爸妈妈把别人家的孩子怎么怎么优秀挂在嘴边，看到别人家孩子学钢琴，就买电子琴回来让他（她）学，看到别人家孩子上什么辅导班成绩进步了，也都让他（她）去。

大部分父母为了赚取足够的生活费，忙于工作，与孩子见面只是简单地要求孩子能够按照要求生活，无暇去关注孩子所谓"无关紧要"的想法。孩子发表自己的看法，也会以"小孩子懂什么"之类的话语剥夺孩子的发言权。

反过来想想，你愿意没人听你倾诉，不让发表任何意见，整天只是按照别人的要求生活吗？

孩子的内心世界是丰富的，对事物有自己的看法，有自己的见解，有自己的选择。孩子的内心，你触及了多少，了解孩子是怎么想的吗？

上帝给我们每人两只耳朵一张嘴，其实就是要我们多听少说，也是说倾听在现实生活中有着重要的意义。家长与孩子一起生活时，不能只是给予他（她）生活上的关怀与照顾，还要深入了解孩子的内心，用自己的心去倾听孩子心灵的呼声。

1. 倾听什么？

倾听是接收口头语言和非语言信息，确定其含义并对此作出反应的过程。倾听不仅仅是耳朵听见声音，更需要全神贯注，这样才能处理语言和非语言信息所包含的意义。在人际关系中，被倾听就是被认可，是我们的表达得到别人的反应，这才使表达有了意义，满足了与他人沟通联系的需要。

2. 倾听的层次

一般来讲，倾听有五个层次：

（1）听而不闻。在与你沟通时，假装在听，你的话如同耳边风，从他的左耳进右耳出，完全没有听进去。同时，他的眼神和你完全没有交流，他的肢体也不对着你。

（2）敷衍了事。与你沟通时，他只是碍于面子，出于礼貌做出聆听的样子，并用"嗯"、"喔"、"哎"、"好好好"等简单的语言回应，表面似乎有所反应，其实是心不在焉。他的身体大幅度地前倾，甚至用手托着下巴，实际上想着自己的事，并没有听。

（3）有选择地听。与你沟通时，他认真地听着，只是回应着符合他自己思想的部分言语，对和他观点不一样的内容没有任何反应。也就是选择合意的听，自动过滤其他内容。

（4）专注地听。与你沟通时，他是很认真地在听你的讲述，有时也主动回应着你讲话的内容，来表示他确实在认真地听。但是他的回应是从自己的亲身经历、自己的想法出发，难以听出你与他沟通的本意、真意。

（5）同理地倾听。与你沟通时，他不仅听，而且用心在听你所说的内容、所包含的内涵，也就是话外音。同理地倾听，是设身处地地聆听，是为了理解对方，站在你的角度并思考你为什么这么说，你这么说是为了向他表达什么信息、什么思想、什么情感，这才是真正的倾听。

因此，积极有效的倾听不仅是听，更重要的是有意识地去了解对方的话中所表达的信息、思想、情感，而且对于对方表述不够透彻的问题、不够清晰的地方，能够通过一定的方式去了解。

有一次，美国知名主持人林克莱特采访一个小朋友，问他说："你长大后想要当什么呀？"小朋友天真地回答："嗯，我要当飞机驾驶员!"林克莱特接着问:"如果有一天,你的飞机飞到太平洋上空,所有引擎都熄火了,你会怎么办?"小朋友想了想:"我会先告诉坐在飞机上的人绑好安全带,然后我挂上我的降落伞先跳出去。"

当现场的观众笑得东倒西歪时,林克莱特继续注视着这孩子,想看看他是不是自作聪明的家伙。

没想到,孩子的两行热泪夺眶而出,这使得林克莱特发觉这孩子的真情实感远非笔墨所能形容。于是林克莱特问他:"为什么要这么做?"小孩的回答透露出一个孩子真挚的想法:"我要去拿燃料,我还要回来!我还要回来!"

读完这篇文章,我深深为主持人林克莱特对孩子的回答不轻易下结论而是耐心倾听,最终了解孩子内心的真实想法的做法所感动。而我们在生活中都希望谈论自己,让别人了解自己,却很少倾听别人,制造各种倾听障碍。

(1)观点不同。当一个人心里有自己的观点,尤其是两人观点差别很大,就会很难接受别人的观点,甚至可能会产生抵触情绪——反感、不信任。当孩子在诉说时,你可能这样想:"你的观点没有什么新意,你不用说,我都知道是怎么回事。"带着这样的想法,你自然就很难平心静气地认真倾听孩子的诉说。

（2）偏见。当你对一个人有偏见时，即使他和你说话，你也不可能认真倾听。假如你是带着自己的想法听孩子说，孩子的看法可能还没表达完，就被你强行打断，然后被你按照你的逻辑批评一番。

3.有效倾听的技巧

孩子：爸爸，我们的测验推迟到下周了。

爸爸：那你就可以轻松几天了。

孩子：不，我不高兴。

爸爸：你不高兴？

孩子：是的，我当然不高兴。同样的功课还得再学一个星期。

爸爸：哦，你是希望赶快考完啊。

孩子：对了！

孩子正在成长中，他（她）每天的世界都是不一样的，今天可能觉得世界是这样的，明天就可能觉得世界是那样的。

随着孩子渐渐长大，他们对身边事物的认知在不断变化。在你们不经意时，孩子就已经变成了一个有自己思想和主意的人了。有效的沟通依赖于有效的倾听，要想真正听到孩子内心的想法和他们的意见，还需要一定的倾听技巧。

（1）重述

一般重述：家长把孩子刚说过的话重新说出和反映出来。

基于感官的重述：解述孩子偏好的感官系统——视、听、触觉。

比喻式重述：使用比喻或类比来解述孩子表达中的核心信息。

一般重述举例：

孩子：昨天我坐在屋里什么也没干。我有作业要写，可就是无法从沙发里站起来去写。

家长：你在周末写作业有些困难。

孩子：我在每项事情上都是，我要等到最后一分钟才急忙去做，结果没有我可以做到的那么好。

家长：你看到了自己的一种模式，拖延使你无法把任务完成得像你本来能做到的那样好。

基于感官的重述举例：

孩子：我想去参加夏令营，更好地了解自己，更清晰地看到我自己，我的优势和我的弱点。

家长：你想参加夏令营，是为了更好地了解自己。

比喻式重述举例：

孩子：班主任非常挑剔，她总是唠唠叨叨地说我，……一有机会就批评我。

家长：就好像你在军队里接受训练，班主任就是你的教官。

孩子：对了，就是这样的。……我已经对我们将来的冲突有所准备。

家长：你觉得这不是一次顺利的航行。

（2）澄清

使自己和来访者刚说过的话的确切性更清晰，对来访者的话给予一句重复和一个封闭性问题。如："如果我理解得不错，……，你说的意思是这样吗？"

确定你是否准确地听到和理解了来访者，具有探究性，提供可能的选择来探究猜测来访者可能的反应，通常选择问句中的一句重复，如："你感觉很生气，……，还有其他感受吗？"

（3）共情

孩子：妈妈，我觉得这儿一点儿也不好玩。

妈妈：不会吧，这儿多有意思啊！

孩子：这里都没几个人，好无聊啊！

妈妈：多安静啊，让人心里很舒服。

孩子：你带我来这个破地方干什么？

妈妈：真没良心，花了这么多钱来，你一点儿也不感激？

孩子：爸爸，我不爱看这个电视节目。

爸爸：这个节目多有趣啊！你瞧那个主持人说得多有道理啊！

孩子：他们看起来真傻！

爸爸：不要这么说，这个节目很有教育意义！

孩子：换台吧，我不想看。

爸爸：不行！一定得把这个看完，这对你写作文也有启发啊！

从上面两段对话中看，父母并没有去了解孩子的感受，这样的沟通自然不会取得好的效果。倾听并接纳孩子的感受，与孩子产生共情，即站在孩子的立场理解他们，这才是交流的良好开端。

当孩子说"我真讨厌我们语文老师，她就像个巫婆"，您的反应会是什么呢？

"你怎么能这么说！老师管你们是为你们好。"（否定了孩子的感受）

"不是这样吧？刚开始你不是还挺喜欢她的吗？"（拒绝了

孩子的感受)

"不可能吧？我见过你们老师，她人挺好的！她发脾气可能是压力太大了吧！"（偏袒老师）

"你千万不能让老师听见你这么说，不然你的语文就难过关了。"（表示同情）

"好了，别生气了。用不着小题大做了。赶紧做你的作业吧！"（给出不切实际的建议）

"老师做的事情让你感到不公平，你心里一定又委屈又气愤吧？"（试图了解孩子的感受）

前几种表达会让孩子认为父母根本不在乎他的感受，会感到困惑或者愤怒，可想而知结果会是怎样。

只有最后一种方式说出了孩子的感受，父母与子女之间的谈话才可以继续深入下去，并在交谈中帮助孩子理清情绪、解决问题。

此时，应对孩子的负面情绪，对孩子最有帮助的就是主动、全神贯注地倾听，接纳他们的感受。当孩子说出自己的困扰或问题时，叙述的过程就是帮助他整理思路和感受的过程，这样他就有可能自己找到解决问题的办法。

三、 肯定孩子，心有归属

　　17岁的小文（化名）是一名高二学生，家里经济条件一般，由于是独生子，从小到大，父母对他的要求就比较严，经常因为一些小事批评小文，学习上没有达到要求也会指责他，甚至用侮辱性的语言谩骂他："你怎么这么笨！别人能考前三名，你怎么考不到？你是猪脑子。""期末考不到前10名，我就打断你的腿！反正你是我生的，打死也没关系……"

　　小学毕业后，父母为了给小文更好的教育环境，将年纪还小的他从农村转到城区读初中。这时家里的负担更重了，父母对小文的要求也更高，要求小文每次考试都要名列班级前10名。学习压力大，青春期的叛逆让小文开始顶撞父母。

　　在一次期中考试后，小文成绩意外地排在班级第12名，恨铁不成钢的父母对小文进行男女混合打骂。小文心中充满了委屈、绝望，愤怒地与父母对打。从此之后，小文稍有不满就顶撞父母，对待父母如同仇人，甚至常说"你再说我就拿刀砍死你"之类的话。

　　后来父母还发现小文有上网成瘾、不爱学习等诸多问题。与父母争吵时，小小年纪的他时常咬牙切齿地握紧拳头，好像随时忍受不了就要将拳头挥向父母一样……

第二章
建立良好的亲子关系——预防性侵害的前提

如果一个孩子经常得到的只是家长的消极评价，孩子就会觉得自己一无是处，长大后会极易产生自卑感，同时也会产生许多潜在的心理问题。

其实每个人的心里都希望得到别人肯定。稚气的孩子同样需要得到家长的肯定，给他正面积极的推动力，在肯定中不断培养孩子的良好行为。家长对孩子的容忍、认可、肯定、鼓励、嘉许，才是孩子成长最好的营养。

孩子表现好的时候需要肯定，表现不好的时候也需要肯定。

可以肯定孩子的情绪，肯定孩子的动机，以及其他所有可以肯定的东西。

肯定孩子是一种教育的艺术，也是一种亲子教育技巧，如何有效地肯定孩子呢？可以从以下几个方面着手：

1.肯定孩子的行为

当孩子良好的行为得到家长及时有效的肯定，就会产生积极的动力，从而促使孩子不断地重复这样的行为，最终养成一种良好的习惯。有一个美国家庭，母亲来自俄罗斯，不懂英语，根本无法辅导孩子作业，但她每次看了儿子的作业，都会说"棒极了"，并把作业挂在客厅的墙壁上。孩子得到了母亲的鼓励，心想："我明天要比今天写得更好！"于是，他的作业一天比一天好，后来成为一名优秀的学生。

相反，家长没有及时肯定和鼓励，可能会让孩子认为这个行为在家长眼中可能不好，以后就不要再去做了。所以，当孩子有正确的行为时，家长应当及时给予有效的肯定和鼓励，孩子会更加努力、更加主动地去做事。

肯定的语言包括两部分：一是描述你看到的事情，二是表达你对此事的感受。肯定要及时作出，态度诚恳，用词简单，除了肯定行为，还可以上推到个人特质。

例如：静慧妈看到静慧放学准时回家并主动给花浇水，静慧妈这样说："静慧，你说5点回家，现在正好5点，你真准时；我还看到你给花浇水，你已经学会主动做事了，妈妈很开心。"

注意：如果家长看到孩子做错事或有不良行为，还给予鼓励，孩子会误认为这个行为家长可以接受，从而继续做这样的事。家长需要描述你所看到的事情，并表达此事的感受，及时纠正或优化改善。例如：雨诺一边写作业，一边看电视，写作业心不在焉，一个小时过去了，才写了一页数学口算。雨诺妈走过去对她说："我看到你一个小时才写了一页数学口算，这样下去恐怕到晚上十二点也写不完，你是打算先看电视呢，还是先写作业？"

2. 肯定孩子的不足

孩子的自我认知能力发展比较慢，甚至有些小孩还没有自我认知能力，他们对自己的评价，他们的自信心主要来源于家长对他的肯定、鼓励。家长是孩子生命中最重要的角色，家长的肯定会使孩子对自己充满信心，然后才敢于去探索外面的世界和面对挑战。

同时，孩子年纪小，经历不丰富，犯一些错误是不可避免的。孩子犯了错误，作为家长一定要保持头脑冷静，客观分析孩子这样做的深层原因。如果孩子是为了获得尊重和肯定而犯的错误，至少有令人欣慰的地方：孩子想听表扬，想要上进。所以，家长要肯定孩子的不足，多找机会表扬孩子，满足他的心理需要，在此基础上引导孩子用正确的方式来获得肯定。

韵涵刚开始学习写作，一点信心也没有。当她战战兢兢地把第一篇作文给妈妈看的时候，妈妈看到了一篇糟糕透顶的文章：事情没有交代清楚，句子不完整，还错别字连篇。但是，韵涵妈没有批评她，而是注意观察她，发现她眼中的不安。韵涵妈知道，孩子对写作缺乏自信，所以没有简单地说一句"不好"。在评价这篇作文时，妈妈对她说了一句令她兴奋的话："非常不错，这是你的第一次写作，妈妈刚开始写作的时候连一句话都写不出来。"听到这个评价后，韵涵的眼中一下就闪烁出兴奋的光芒。

不久，韵涵把她的第二篇文章给妈妈看时，与第一篇相比，已经有很大的进步了。

试想当韵涵妈看到韵涵的那篇糟糕的作文时，如果马上否定，无疑会伤了孩子的自尊心，也毁掉了孩子的自信心，恐怕韵涵以后再也不会写作文了，也就扼杀了她的一项才能。

NLP认为，把焦点放在孩子哪个方面，哪个方面就会得到成长。家长想要什么，就要多关注孩子什么。如果我们想要提升孩子的写作能力，那就要在这方面多给予肯定，即使孩子还有不足之处，也要找出闪光点给予适当的肯定和鼓励。

3.肯定孩子的动机

忙了一天工作后回到家，你看到孩子把鱼缸里的鱼捞到有很多肥皂泡的小盆里。这时，你会怎么做？相信大部分人肯定会生气地制止孩子："你瞎鼓捣什么，这样鱼会全部被你弄死的！"

NLP认为，一切行为背后都有其正面动机。孩子的每一个错误行为背后一定有着正面的动机。有效的亲子教育，就是要找出孩子错误行为背后的正面动机，肯定孩子的动机，让孩子找到自尊与动力。否则，当家长看到孩子犯错时，就给予批评和指责，这样就等于否定了行为背后的动机，会严重地伤害他的心灵。因此，当孩子犯错误时，要分析孩子行为背后的动机，肯定他的动机。

怎样才能找到孩子错误行为背后的正面动机呢？我们可以用具体的方式来询问，比如："你做什么？""这样做，你想得到什么？"通过一系列具体的问题，我们才能了解孩子内心的真实想法，得到孩子行为背后隐藏的真正动机。但是提问禁忌直接问"为什么"，此时孩子的回答都要经过一定的思考，不会是他行为背后真正的动机。

运用NLP的肯定技巧，爸爸与孩子之间的沟通效果就完全不同了。

爸爸：孩子，你这是在做什么啊？

孩子：我在帮金鱼洗澡啊！

爸爸：你怎么想到要帮金鱼洗澡啊？（了解行为背后的动机）

孩子：金鱼洗完澡，会更漂亮啊，电视广告常说洗衣服，可以让衣服更鲜艳。

爸爸：哦，原来你是想让金鱼变得更漂亮，才帮它洗澡的啊。（肯定动机）

孩子：嗯。

爸爸：金鱼在清水里才能生活，在肥皂泡的水中会死的。

孩子：哦，我知道了。

爸爸：那以后再碰到你不懂的事情，知道怎么做吗？（引导孩子）

孩子：我可以先问爸爸或妈妈。

爸爸：哦，很好，如果我们都不在身边，还可以怎么做？（鼓励孩子想办法）

孩子：可以问老师和同学，还可以去查资料……

如果我们不问青红皂白，就对孩子的错误行为进行批评、指责，孩子虽然幼稚,但是好意却被你打击得荡然无存,同时也失去了解孩子行为背后真正动机的机会。孩子会觉得一番好意却招来家长的批评很委屈，认为家长不能理解自己，于是不愿意和家长沟通。

四、管理情绪，做EQ高手

一个老太太有两个女儿都做生意，大女儿是卖扇子的，小女儿是卖雨伞的。天晴时，老太太就为小女儿担忧，担心雨伞卖不出去；天阴时，老太太就为大女儿忧虑，担心扇子卖不出去。如此一来，老太太的日子过得很忧郁。邻居问她为何总是满脸忧伤。老太太说明了情况后，邻居笑着说："老太太，你真好福气呀！天晴时，你的大女儿生意很好；天阴时，你的小女儿生意兴隆。"老太太听了，顿时豁然开朗，转忧为喜。

同样一件事，从不一样的角度去想，心情就会很不一样，人生的境界也会很不一样。

情绪ABC理论认为，正是由于我们常有的一些不合理的信念才使我们产生情绪困扰。如果这些不合理的信念存在，还会引起情绪障碍。

在情绪 ABC 理论中，A 表示诱发性事件；B 表示个体针对此诱发性事件产生的一些信念，即对这件事的一些看法、解释；C 表示自己产生的情绪和行为的结果。

比如，两个人一起在街上闲逛，迎面碰到他们的领导，但对方没有与他们招呼，径直走过去了。这两个人中的一个对此是这样想的："他可能正在想别的事情，没有注意到我们。即使是看到我们没理睬，也可能有什么特殊的原因。"而另一个人却可能有不同的想法："是不是上次顶撞了他一句，他就故意不理我了，下一步可能就要故意找我的茬了。"

两种不同的想法，导致两种不同的情绪和行为反应。前者可能觉得无所谓，该干什么仍继续干自己的；而后者可能忧心忡忡，以致无法冷静下来干好自己的工作。

合理的信念会引起人们对事物适当、适度的情绪和行为反应；而不合理的信念则相反，往往会导致不适当的情绪和行为反应。如果人们坚持某些不合理的信念，长期处于不良的情绪状态之中，将会导致情绪障碍的产生。

NLP 认为，每种情绪都有正面价值，它们给予我们一份力量。愤怒给予我们力量去改变一种不能接受的现实，或者指引我们去往一个方向；痛苦就指引我们找出方向，不能再用同样的方法，否则会继续痛苦。

王安石曾有一首诗，与"情绪智能"有关："风吹屋檐瓦，瓦坠破我头；我不恨此瓦，此瓦不自由。"的确，砸到我们头的那片瓦，是被风吹落的，它并没有自由，也不是故意的！

情绪本身是没有对错，只是我们传统上对情绪的认识有很大的不足。了解了负面情绪的真实来源和存在价值，就会理解，别人或者外在事件充其量就只是一副手电筒，照到了你内心深处的那一抹情绪而已，或者你内心有一只小刺猬，别人只是不小心碰到了它。

照顾好自己的那一抹情绪，看好自己内心的小刺猬是最好的自我态度。以下是几个管理情绪的技巧：

1. 数数法

教会孩子在情绪激动时，先做几次深呼吸，慢慢地吸气，同时在心里默默地数"一、二、三、四"，然后慢慢吐气，数"一、二、三、四"。重复做几次，直到激动的情绪慢慢平静下来。

2. 呼吸调节法

情绪激动时，人们的呼吸会加快，变得短而急，此时让孩子试着做几次深呼吸，长长地吸气，再缓慢地呼气。吸气时，让他（她）尽量扩大胸腔、腹腔；呼气时，让他（她）用力收缩膈肌达到前胸贴后背，然后再慢慢地放松。这样反复交替训练，注意胸、腹部的上下起伏，体会深呼吸带来的舒适轻松的感觉。

3. 积极的自我暗示

当问题引发孩子情绪激动时，教会孩子在心里默念积极的思想、语言来提示自己，不断地提示、振奋他的精神。激烈运动后，看到半杯水，可以暗示自己还有半杯水，正好可以解渴。积极的自我暗示是自我鼓励、自我激励、自我安慰的心理暗示技巧。通过这些积极的自我暗示，来鼓励自己，给自己以正面积极的引导，心情就会逐渐好转。

4. 生理平衡法

生理平衡法是 NLP 一个快速改变自己情绪状态的技巧，当孩子带有负面情绪又想摆脱时，可以教会他运用这个技巧，帮助他改变情绪，走出负面情绪。

生理平衡法能够促使体内多方面达到良好的平衡，一般几分钟便会显现效果。

具体做法如下：

第一步：双腿伸直，双脚交叠，伸出双手拇指向下，掌心相对，接着双手手指交叉合掌，然后双手握成拳头向下，再向胸口拉近并翻转向上直至紧贴胸口，眼睛向下看着手指。

第二步：舌尖向上顶住口腔内上颚门牙稍后的地方，缓慢地深呼吸。

第三步：注意心脏跳动，维持三分钟。

五、有效表达，欢畅沟通

要想让孩子打开心扉，在家长面前毫无顾忌地表达自己的真实想法，亲子之间沟通无障碍，以下这些方法可以帮到你：

1. 上堆下切法

上堆下切法是NLP的一个语言运用技巧，可以通过上堆技巧引导孩子思想上升到一个高度，通过平行技巧引导孩子看到同等意义的其他选择，通过下切技巧下降、细化到更具体的内容。

（1）上堆

上堆的技巧，是把孩子的问题带向更大、更广泛的事物或意义，从而找出对方行为背后的动机。

举例：

一天，孩子因同学叫他的绰号，在学校与同学吵架。回到家后，爸爸问："你与同学吵架，是希望得到什么呢？"

孩子："我希望他能够尊重我，不要随意叫我的绰号。"

爸爸："希望他能够尊重你，除了吵架之外，还有其他的方式和途径吗？"

孩子："我可以向老师反映。"

（2）平行

平行的技巧，是把孩子的行为，引向同一性质层面的其他行为，从而使其有更多的选择。如：跟"阅读"平行的，可以是欣赏音乐、画画、打球等。

举例：

一个孩子心情不好时，喜欢找人打架时。

爸爸："你打架是为了消愁，而消愁除了打架，还可以去做什么？"

孩子："还可以去旅游、参加朋友聚会、听音乐、郊游……"

爸爸："这些方法都不错，你可以选择一种试试。"

（3）下切

下切的技巧，是从孩子的问题引出具体的事情，从而了解孩子问题背后的具体事情。

举例：

有一天孩子回家，生气地说："老师太过分了。"

家长："老师怎么过分的？"

孩子说："老师故意刁难我。"

家长："老师是怎么刁难你的？"

孩子："他总说我做事马虎。"

家长："怎么表现出你的马虎？"

孩子："我今天忘记带纸。"

家长："我想你也不想忘记，你有什么好方法吗？"
（平行）

孩子："我可以在抽屉里放一个作业本。"

家长："想到好办法了！"

用了上堆下切的方法，孩子就容易明白：老师是否过分？老师是否在刁难他（她）？这样他（她）就会明白该不该生老师的气。

2.先跟后带法

所谓先跟后带，就是说我们在与孩子沟通的时候，先跟着孩子的观点，让孩子感受到家长的接纳，再通过发问或其他说服方法把孩子带向我们所想的方向。先跟后带是一种非常有效的沟通技巧，通过寻找双方的"共鸣点"，引发情感共鸣，最终达成理解共识，实现共鸣。

有一天，爱默生和他的儿子要将一头小牛赶进牛棚。儿子在前面牵着牛鼻子使劲拽，爱默生在后面用力推。但正如他们自己一样，这头小牛也只想着它自己所要的，所以它蹬紧四肢，顽固地不肯离开原来的地方。一个爱尔兰女仆看到这个僵持的场面后，她把拇指伸进小牛的嘴里，一边让小牛吮吸着拇指，一边轻松地将小牛引入牛棚。为什么她能做到呢？因为她了解小牛需要什么。

这则故事告诉我们，教育孩子也要像牵牛一样，站在孩子的角度看问题，接纳孩子的情感，觉察孩子的需求，与孩子感同身受，并让孩子感受到，那么孩子就会愿意接受家长，愿意跟家长走，然后走向家长期望的目的地。

例子：

伊拉克战争期间，父女俩一起吃饭，上初中的女儿兴奋地说："爸爸，我决定了，我长大后，要像同丘露薇那样，做战地记者，去现场采访报道。"

爸爸："哈！你喜欢同丘露薇，爸爸也很喜欢她！她虽然是个女性，可是很勇敢，很令人敬佩！你要学她做战地记者吗？"

女儿自豪地点头："是啊！我也很勇敢。"

爸爸："要做战地记者，除了勇敢，还需要做哪些准备呢？"

女儿："当然是要好好学习，尤其要好好学习语文，要多练笔！"

爸爸："对嘛！我们明天去书店买几本喜欢的书好吗？多读书，多观察，多动笔，相信你将来一定能成长为优秀的战地记者。"

这样不仅鼓励了孩子，还把孩子带向爸爸想让孩子做的那个方向。看来，准确把握孩子的想法和感受很重要，理解孩子很重要，先跟后带很重要。

3. 问题解决法

在生活中，我们需要和孩子合作，希望他们言行很好地配合我们的要求。然而，事与愿违，只因为我们常常不知不觉地就使用责备、威胁、命令、讽刺等方式来要求孩子们配合。亲子沟通过程中使用这些方式，并不能赢得孩子良好的合作，反而会引发孩子的反感、抗拒等强烈情绪，这是典型的无效沟通。

其实，我们可以尝试换一种全新的方法——共同解决问题的方法。这种问题解决法包含六个步骤，可以有效地激发孩子的创造力、诚信精神以及合作意识，从而促成有效的亲子沟通。

例如，一天，孩子低着头走进家门，伤心地说："这次科学考砸了。"那么家长该怎么开导孩子呢？

（1）倾听孩子的感受和需求。

家长：这次科学考砸了，你好像很伤心。

孩子：是的，选择题只答对了一半，考前我特地做了几份模拟试卷。

（2）归纳他们的观点。

家长：听上去感觉你很沮丧。为了这次考试你做了很多准备，做了许多题目还是考砸了。

孩子：是的，我做了这么多题目就是想考出好成绩。

（3）表达自己的感受和需求。

家长：我担心的是，你只是多做题目，对知识点没有理解和掌握，不注意总结规律。

孩子：科学知识对我来说很难呀！

（4）邀请孩子和你一起"头脑风暴"，共同想出解决办法。

家长：我想，如果我们两个一起动脑筋，或许能找到些新的、更有效的学习方法。

（5）写下所有想法，不做评价。

孩子：我先请同学帮助，然后再做练习检验是否理解。

家长（写下）：我记下了。还有什么？

孩子：或许我可以动手做实验。

孩子：我还可以去买本总结规律的书。

……

（6）共同商量这些意见的去留，并商定如何让计划付诸行动。

家长：你先请教同学，然后再做练习检验是否理解了。你觉得这个主意怎样？

孩子：好啊。以后多去问同学。

树立防范意识
——建立预防性侵害的防火墙

小 W 五岁那年，有一天，邻居家那个经常来串门的叔叔过来拜访，见妈妈很忙，就主动和小 W 玩了起来，然后带小 W 出去，因为比较熟，小 W 毫无防备地跟着出去了。叔叔带着她走了很长的一段路，来到了一个没有什么人的地方。

她依稀记得很僻静，有一间小屋，叔叔跟她说："我们到屋里看看有什么好玩的。"带着好奇心，小 W 也愿意进去瞧瞧，可是屋子里并没有什么东西，正想出来，叔叔跟她说一起玩个游戏，玩好游戏会有玩具奖励。她很好奇，什么游戏，什么玩具呢？只见叔叔把她的裤子脱下，用手去弄她的下体，她不明白是怎么回事，这个游戏有什么好玩的，只感觉不舒服，但是她不知道该怎么做，直到感觉下体很疼，于是就大哭，不停地哭。

后来叔叔帮她把下体擦了，然后告诉她不许告诉别人，如果告诉别人，她就会被打死。小 W 很害怕，回去也不敢告诉妈妈，只是内心隐隐的恐惧感，扩散到了对其他的人和事。

第三章
树立防范意识——建立预防性侵害的防火墙

她慢慢长大，慢慢懂得了小时候那是怎么回事，慢慢地她变得越来越不爱说话，越来越内向。

世界上有许多不幸的灾难事件都可以统计和公布，但有一类心灵和身体的伤害，我们却无法触及，而当事者可能永远带着这份被折断翅膀的伤痛，走完人生历程。

童年时期受到的一次或多次性侵害，就像梦魇一样，折磨其一生，击碎其童年蓝色之梦，永不泯灭。

要摧毁一个小孩，实在是太容易；要治愈他（她），却是一件很难的事。

性侵害对一个孩子来说是不幸的经历，对其幼小的身体和心灵都是双重的伤害，甚至会影响孩子对人生和社会的看法，使其性格扭曲发展，影响孩子的一生。而有些悲剧本该可以避免，因为孩子的自我保护意识和能力需要家长教给他。

为人父母，可以说是一件难事，同时也是一件最神圣的事。父母肩上担负着最神圣的东西——保护孩子的权利，这也要求父母要具备保护孩子的能力。作为家长，你行使好自己的这个权利了吗？有这个能力吗？

你在避免孩子被性侵害的道路上给他们筑起了一道防火墙吗？也许你筑起的这道防火墙就能保护你的孩子免遭性侵

害，远离悲剧，还他一个健康成长的人生。所以亲爱的家长们，我们接下来就来探讨，为了能尽早帮助孩子树立自我保护的意识和建立自我保护的能力，我们该做什么。

一、懂得身体自主权

我的身体

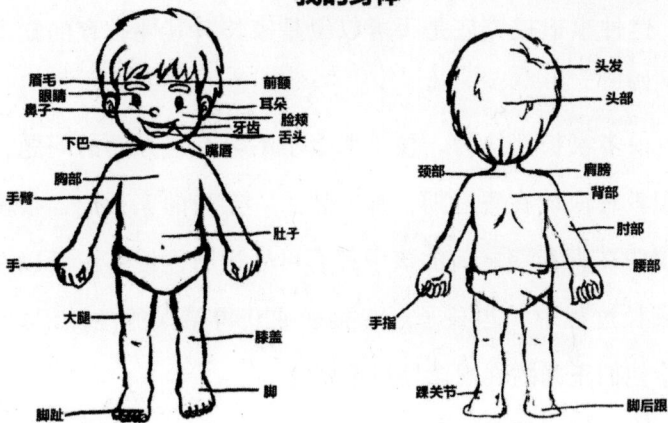

在给孩子进行性教育的过程中，父母理应是站在最前列的，在性安全教育中给孩子指路。

曾经有一个学生，已经毕业了，在她就学期间因为心理问题多次找学校的心理老师咨询，其中讲到一件事是从小学到高中周围总会有同学用一些淫秽的词去嘲笑她，比如"贱"、"荡妇"等，非常难听，让她心理非常难受，更觉得委屈。原因是她曾因童年无知，在大概五六岁的时候和小男生玩成人游戏，本来是抱着好奇心玩的游戏，不料后来成了别人的笑柄，更在她心里留下了阴影和创伤。而她的父母都忙于自己的事情和工作，从来不和她探讨这方面的问题，只关心她的学习和成绩。

这件事追根究底是否可以说是家长对其性教育的缺失造成的呢？

很多家长都认为，孩子那么小不会有这方面的问题，性知识教育应该在青春期，那就错了。亲爱的家长们，很多案例表明在青春期之前的孩子都有可能遭遇性侵害。所以在孩子成长过程中，当孩子还未接触或获得错误的性知识之前，教给他们正确的性观念是很重要的。

这时候家长要履行好自己的权利和职责，即告诉孩子身体的自主权。一定要让孩子知道自己的隐私部位。哪些是自己的隐私部位呢？可以直接告诉孩子，也可以通过图片或者动画片告诉他们身体的构造，当然洗澡的时候说是最直接的。在帮孩子洗澡或大人和孩子一起洗澡时，告诉孩子腹部、臀部、大腿内侧，还有女性的胸部和阴部，以及男性的阴茎等都是隐私部位，不可以随便让人碰触。如果有人不合适地要看或触摸自己的隐私部位，一定要立刻离开或者对外发出求救信号；如果出现被人触摸隐私部位的情况，不要害羞或害怕，一定要及时告诉家长。

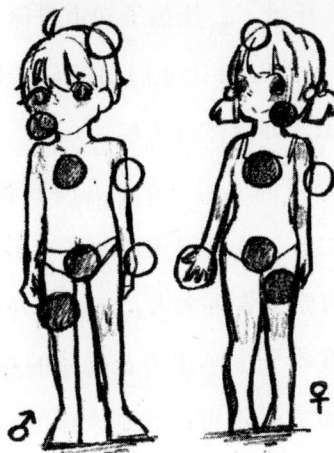

○ 头发 手臂 手掌 可碰触

● 嘴 胸 大腿内侧 泳衣遮挡的隐私部位 不可碰触

哪些部位是不能碰触的？身体的哪些部位是可以碰触，

家长一般都比较传统而保守，都会觉得与孩子讲性是羞于启齿的，可是我们恰恰就要改变这种"一带而过，犹抱琵琶半遮面"的态度。不要让孩子觉得一讲到"性"的东西就是不好的，就是可耻的，要闭口不谈。这绝不是我们的初衷，我们内心是希望孩子以更恰当的态度和方式来对待性。

所以家长可以买有关这方面的书籍，用科学的态度告诉孩子自己的身体常识，让孩子知道自己身体的自主权，根据不同年龄段以孩子能够听懂的语言，让他（她）获得他（她）想知道的有关"性"的知识。让孩子做到对自己的身体坦荡、大方地看待，而不会产生羞耻感。

什么时候让孩子知道身体的自主权呢？

3岁左右就应该开始了，让孩子知道身体各部位的名称，包括生殖器等部位，同时要让他们知道自己是身体的主人，建立这种概念和意识，即身体自主权。

除此之外，也要告诉他们，在幼儿园或者在外有人要摸你的屁股和尿尿的地方，一定要大声地说"不可以"，回来一定要告诉父母，只有学会告诉大人，才能更好地保护自己。

四至六岁可以在本子上画出男孩女孩的身体，让他们用红色的笔画出哪些地方是不可以让别人碰的，或者准备一些玩偶，用给玩偶贴红绿纸的方法教育孩子，不能看、不能摸的地方贴红纸条，能摸的地方贴绿纸条。在给低年龄段孩子上课的时候，我们也会用这个方法。

如果孩子不懂可以告诉他们，游泳的时候女孩子穿泳衣的地方，男孩子穿泳裤的地方是不可以让人碰的，如果被碰

第三章
树立防范意识——建立预防性侵害的防火墙

了，对方威胁说"千万不能告诉别人"或"告诉别人了会被打"等，回家后也一定要告诉家长。

2012年夏天，一个心理健康讲师团到某小学给三年级到六年级的约200名女生做过一次《我能对付大灰狼》的讲座，她们当中大多数为留守儿童。

在课堂上，老师出示了一张男女生的身体示意图，让女生们画一画哪些部位是自己的隐私部位，是不允许别人碰触的。从讲座现场观察，绝大多数的孩子能做出一些标识，越是高年级的学生做得越好。至于对私密部位的称谓，全场仅1名女生在课堂小调查中高高举起自己的小手，通过自己的身体部位向大家大方地介绍胸部、阴部和臀部，并且非常自豪地跟其他同学说："这是我妈妈告诉我的，我是从妈妈的子宫里，经由阴道生出来的，如果别人碰触我们这些隐私部位，就是伤害我们，要第一时间制止、逃开并且告诉妈妈。"

这位妈妈做得非常好，可是这样的妈妈好像不太多。

我们不确定其他孩子是因为害羞才没有站到台前跟大家一同分享她们知道的身体秘密，还是她们压根就从来没有听说过这些知识，更不要说让她们形成意识，保护自己背心和内裤覆盖的身体部位不能让任何人碰。

如果你是一位不善于沟通的家长，可以借鉴很多亲子网、育儿网所提供的教童谣、做游戏等方法对孩子进行性教育和安全教育。

童谣是教育孩子最好的渠道和方法。

小熊小熊乖宝宝，背心裤衩都穿好。里面不许别人摸，男孩女孩都知道。

小小秘密藏心里，谁也不会告诉你，坏人要是欺负你，告诉妈妈要牢记。

小老虎，会撕咬，小山羊，敢顶角。坏蛋问我不知道，敢骗坏人赶快跑。

身后有人很可疑，走到马路对面去，要是他又跟过来，拔腿就跑莫迟疑。

一个人，上学校，问我什么不知道。低下头，快点走，追上前面小朋友。

小白兔，上学校，见生人，有礼貌。不说话，笑一笑，蹦蹦跳跳快走掉。

一个人在家放暑假，生人敲门不应答。问路送奶查电表，绝不开门我当家。

或者，家长可设置情景问题与孩子互动交流：

第三章
树立防范意识——建立预防性侵害的防火墙

"如果不认识的叔叔请你帮忙跟他去找丢失的小狗，你会怎么办？"

"如果不认识的阿姨说，她是妈妈的朋友，妈妈有事请她过来接你，你怎么办？"

"如果邻居的叔叔抱着你，摸你的小屁屁，你觉得不舒服，你怎么办？"

"如果叔叔说带你去个地方玩个游戏，玩好后有奖励，你怎么办？"

"如果有陌生人脱自己的裤子给你看，你怎么办？"

引导孩子避免遭遇性侵害的发生，如果在家里和孩子一起演练，会更生动，小孩的明辨力和应对此种情景的能力会更强。

同时告诉孩子，遇到坏人时，你有不保守坏人秘密的权利，可以不讲真话，即使坏人叫你发誓不告诉别人，但一定要告诉爸爸妈妈，这些秘密千万不要藏在心底。跟坏人不讲真话，不保守坏人的秘密，也是好孩子的表现。

再者，家长要时常鼓励孩子表达感受，让孩子感受正常关爱的接触，以区别侵犯性的触摸。比如"我和爸爸妈妈拥抱感觉很温暖，很舒服"，"那个叔叔一直摸我的手让我很难受"，"那个伯伯拍我的屁股让我很不自在，不舒服"，等等。

同时告诉孩子当感觉不舒服的时候要拒绝。设置一些情景让孩子感受一下类似这样做是让人感觉不舒服的，比如对方把你搂得很紧，要求你亲吻他身上的任何部位，对方亲吻你身上隐私的部位等。

有个报道说，北方人很喜欢去澡堂泡澡。有一天，公共浴室人很少，一个五十多岁的男人，不断东张西望，后来和一个大约十三四岁的男孩攀谈起来，过了一会儿，他带着孩子去了无人的桑拿间。几分钟后，孩子的父亲发现孩子不见了，一寻找，竟发现那个男人正在玩弄孩子的生殖器。

试想，如果这个男孩清楚自己可能会被不怀好意的人性侵害，在开始就肯定不会跟这个陌生男人去桑拿间。所以，提前告诉孩子身体的自主权，就好比给孩子打了一针预防针，孩子在交往或接受邀请初期便能提高警惕，至少不会仅见过一次面就轻易跟随陌生人。

为自我保护筑起一道防火墙，父母要教会小孩果断拒绝，不管对方是何许人，只要有出现不舒服的触摸，都要绝对捍卫身体的自主权。

同时，家长还要行使的权利是告诉孩子尊重自己和他人的身体界限。

告诉孩子每个人都有自己的身体界限，你可以捍卫自己的身体自主权，别人也在捍卫他的身体自主权，所以也要尊重别人的身体界限。

跟不同的人要保持不同的身体距离，这是要根据自己和对方的心理亲密度和互动程度来确定的。比如可以告诉孩子，爸妈和你之间平常是可以亲密拥抱的，如果是一般关系的话，跟人家的拥抱也只能是象征性或礼貌性的社交礼仪的拥抱，爸妈也可以做个示范。如果是不认识的人就不能如此。同时你不能随意碰触或亲吻别的小孩的脸，碰触他人屁股、生殖器等，不可越界，学会尊重自己和别人。

二、了解性侵害容易发生的时间点

每次回想起一年前的那一幕，小薇都会陷入深深的恐惧中。

去年暑假，小薇和同学约好去科技馆玩，为了凉爽，小薇穿了吊带和超短裙，一扫平时校服带来的束缚。不料在公交车上遭遇了色狼。

一男子身体紧紧贴着小薇的背部，生殖器不断地摩擦着她的臀部，小薇感觉难受极了，但是又不敢吱声，挪动了一下，男子还是紧随其后，直到车靠站停的时候，小薇逃也似的下车。自此之后，心里一直有恐惧症，对陌生男子的接近感到害怕，明知有的人是无意地碰一下，也会很不舒服。

由于穿着暴露，小薇成了"怪叔叔"骚扰的对象，她的身心也因此受到了伤害。

1.夏天，是女孩容易遭受性侵害的季节

夏季气温比较高，女生衣着单薄，裸露部分较多，因而对异性的刺激增多。

2.夜晚，也是女孩容易遭受性侵害的时间

这是因为夜间光线暗，犯罪分子作案时不容易被发现。而夏天天气炎热，女孩夜生活时间延长，外出机会增多。

尤其是喜欢泡酒吧的青少年，或喜欢晚归的青春期孩子，在肆意挥洒青春热情、放纵享受生活的时候，也许痛和伤痕也在守候着。在鱼龙混杂的环境中，充满了各色各样的诱惑，也充斥着各色各样你无法预知的人，女孩们容易被这些人揩油，甚至被他们算计，最后酿成人生悲剧。

家长在女儿的穿着上需要给予一些指导，要结合安全防范意识，告诉孩子穿过分暴露的衣服和裙子可能产生的性诱惑，夜间独自外出或在鱼龙混杂的地方可能发生的性侵害危险等。

所以，女孩如果在夏天和夜晚外出，需要注意的是：

第三章
树立防范意识——建立预防性侵害的防火墙

●走大道，尽量不走小道。

●陌生男人问路，不要带路。向陌生男人问路，不要让其带路。

●晚上出行，对陌生男人要提高警惕。

●遇可疑人物跟踪，可横穿马路几次，如对方紧随其后，则迅速跑到人多或明亮的地方。

●不搭乘来路不明或不熟的人的车辆，以免落入圈套。

●告知父母或朋友自己的去处，途中尽可能用电话保持联系。

●坐车时，拍下司机和车牌号，发微博或微信朋友圈，让家人、朋友随时知道你的动态。

3. 毕业季或节假日聚餐

又是一年一度的毕业季，忙于学习，疲于应付考试，终于考完解脱了。一班同学准备好好放松聚餐，席间大家都高举酒杯，庆祝自己毕业。聚完餐，大家都纷纷告别。而平常几个比较会玩、玩得比较开的学生又召集了几个同学去酒吧，小雅跟这几个人平常也玩得比较好，答应跟着一起去。

在酒吧里，他们尽情地跳舞喝酒，个个都喝得很多，小雅也有点喝多了，出来已是深夜。小雅和两个男生一起出来，说说笑笑，打打闹闹，拉拉扯扯，不料到了僻静巷子处，这两个平常很会玩的男生借着酒劲性侵了小雅，事后威胁她不能宣扬出去，说出去对她的名声不好，而小雅只能忍着，不敢说。

毕业聚餐、生日聚餐、节假日聚餐在现在的学生中很流行，但是这些聚餐中也潜藏着危险，而在聚餐中发生的性侵往往都是来自同龄或年龄相仿的异性，同学朋友之间的友情往往让人放松警惕，而青春期的少年已经具备了性欲望、性冲动和进行性行为的能力，更容易借着酒劲做出一些不理智的行为，尤其是平时行为本来就比较出格的男生。女孩子在这种场合更需要保持清醒，有强烈的自我保护的意识，不要糊里糊涂地陷入不该发生的故事中。

家长要和孩子沟通的是，参加聚会时最好不喝酒，不出风头。中间碰到聚会的男女生大声讲黄色笑话时不要加入其中，要选择离开。有个女生也是在毕业聚餐中喝了两瓶啤酒后就开始有些醉意了，执意要出去玩，很难拦住，没办法，老师担心这个状态出去会出事，打电话征得家长同意，索性就让她再喝一瓶，结果就倒了，直到家长过来带其回家。所以尽量不要让孩子喝酒。让孩子尤其是女孩子意识到酒喝多可能产生的后果。女孩子不与男孩子一起看一些淫秽的影视内容和黄色书刊，更不能听信男孩的花言巧语，在其家中过夜或父母不在家的情况下留其过夜。

三、了解性侵害常发生的地点

1. 学校内发生的性侵事件不可忽视

教师宿舍、教师办公室、体育器材保管室等，通常是校园性侵案发生的场所，因为这些场所的隐蔽性和封闭性，其他教师和学生一时无法察觉。学生的无知和害怕权威等一些弱点，也是出现校园猥亵和性侵行为的重要原因。

　　很多家长都是外出忙于工作和赚钱，或者是早出晚归，和孩子一天也见不上一两次面，能够交谈的时候话题始终是围绕着学习成绩和吃饱穿暖，往往忽略了孩子的内心想法和感受，也不会深入问孩子在学校的情况，对于孩子的关心是不够的，孩子内心的真实世界父母接触不到，因此，当孩子出现一些异常情况的时候家长也是难以察觉，孩子因为平常与父母不交心也不会主动去说，由此，会让一些事实被掩盖，也让一些人的行为更肆无忌惮。

　　所以，家长和孩子多沟通，是预防性侵的前提。

第三章
树立防范意识——建立预防性侵害的防火墙

公共场所如公园和厕所，是儿童性侵事件发生较多的地方。一般在中午午休人少的地方发生较多，不法分子容易对玩耍的孩子临时起意，实施猥亵行为。

上学放学的路上。有个女孩在经常走的上学放学的路上遭到了一个男青年的猥亵，这个男青年也是看四周没人才起的歹意，幸亏女孩用力挣脱。

家长要提醒孩子尽量不要走那些人流量少的地方，不要单独行走，要和同学结伴而行，不要在外长时间逗留。上下学要按时接送幼小的孩子，家长未按时接送，也要跟学校联络好，不让陌生人轻易接走。

2.家庭，对于某些孩子来说就是一个做噩梦的地方

在家庭内部发生的性侵害有继父对继女、养父对养女，甚至也有亲生父亲对亲生女儿的。本应该是自己很信任的人，却做了世界上最丑恶的事，他们利用了孩子在家中需要善良的关爱的需求，实施罪恶的暴行，不曾想对孩子的心灵伤害也许是一生的阴影。这是谁的责任？身为父母怎么忍心让自己的孩子蒙受这样的伤害？家长除了树立正确的性道德观外，还可以与孩子一起谈谈以下的性侵害可能发生的场所。

（1）很熟悉的同学家里

父母不在家的情况下，女孩邀请男孩一起做作业，两个人在密闭的空间里单独相处的时间久了，容易发生越轨的行为。

这里就需要家长们在孩子的青春期教育上花点功夫。与孩子探讨真正的感情和性之间的关系，让孩子明白性是婚姻中的礼物，不要过早地打开这份礼物，拒绝婚前性行为，不给自己的人生留下不必要的伤痛。只要孩子有这方面的意识，她就会掌控自己的情感世界，也会对自己的人生负责，就会清楚与男生之间的适当距离。孩子要知道，家长不在家最好不要到别人家里做作业或者玩耍，即使去时间也不要很久（当然这个时间最好不要超过半小时）。

（2）卧室或浪漫温馨的旅馆中

有调查显示，性侵案有六成发生在居所或酒店或荒凉地等。受害者一般是被性侵者带到性侵发生的场所。带走的方式有的是通过中间人，有的是通过诱骗。直接诱骗的借口有检查身体、抓小鸟、游玩、帮忙找钥匙等。在作案时，一般性侵者会利用儿童的年幼无知、贪吃好玩等特点，将孩子骗到预谋的地点，如侵害人的住处、酒店或偏僻的地方，这些地方对侵害人来说比较熟悉，对受害人来说比较陌生，因此在不了解附近环境的情况下，要想逃脱需要机智应对。

家长要提醒未成年的孩子，警惕和自己主动搭讪的陌生人，不去陌生的环境。

四、清楚可能实施性侵害的对象

父母教孩子学会防范性侵害，除了知道性侵害容易发生的时间和地点外，还要掌握哪些是可能会给孩子带来伤害的黑手。

1.陌生人

生活中，陌生人的黑手时时存在。

在公共汽车站假装不慎将路过的女童推倒，随后以治伤、看病为由将女童带走开房，继而进行猥亵，这是我们听到的发生在街头的故事。

孩子容易被陌生人欺骗，因为孩子的弱小、无知和缺少判断力。家长也容易对陌生人疏于防范。

有一天，易先生在幼儿园等待接孩子的过程中，遇到一个男子跟他搭讪，并递来一根烟，自称也是来接小孩的，并很随意地有一句没一句地搭着话。第二天，第三天，很"凑巧"又遇上那个男人，于是两个人在等的时候，那男的又主动聊开了，并且问他小孩在哪个班，叫什么名字，易先生没有在意，就都讲了。并且有一次，接了孩子又"偶遇"那个男子，于是让孩子跟这个男的打招呼，并叫他叔叔。

有一天，易先生有点事，晚了一会儿去接孩子。当他去幼儿园的时候，老师说孩子已被一个男的接走，男子能清楚地说出他的情况，并且小孩也认识他，老师一说特征，他才恍然大悟，想起来是之前经常聊天的那个男子，可是好像从来没见到过他的孩子。易先生后悔莫及，马上报警……

家长要教育孩子防范、拒绝陌生人伸来的"好意"，自己也不能对陌生人疏于防范，尤其是这个陌生人在有意无意地聊到你的家庭状况、私人信息时，多一双眼睛去注意，才能更好地保护自我和家人的安全。

对于陌生人，我们告诉孩子的是：一个人独处时，不要轻信陌生人，不要随便接受陌生人的财物，更不要轻易和陌生人到一些隐蔽的地方，避免遭受不必要的伤害。不随便喝陌生人给的饮料或食品；独自在家注意关门，拒绝陌生人进屋。如发觉有陌生人进入果断开灯求救，也可以让小孩看看类似的报道，给予正确的指导。

2.最熟悉的"陌生人"的罪恶

很多家长只知道防范陌生人却不知防范熟人。现实生活中，不同年龄段的孩子都有可能遭到不同程度的性侵犯，男女老少都有可能成为性侵犯的实施者，类似案例并不少见。

有调查发现，性侵犯者，多数是儿童所信任的人，比如儿童的亲属、长辈、邻居或其他对儿童负有照顾责任的人。

唐唐经常到爸爸单位玩，也和单位的叔叔阿姨都熟悉了。有一天，爸爸又带着唐唐来单位，爸爸因为有些事要处理，就让唐唐自己在一边玩耍。后来，单位里一个同事带着唐唐出去玩。

之后，爸爸随口问了一句："叔叔带你去哪里玩了？""叔叔给我棒棒糖吃，还带我去一个房间里玩脱裤子的游戏。"事后，爸爸才知道那个同事对孩子实施了猥亵行为。

类似的事件其实很多，大都是发生在小孩身上。儿童年幼无知，稍比他大些的表哥、小叔之类的人，对其下体进行接触、猥亵等行为，有些小孩明知这样不好，但不知道是哪里不对，也有迫于一些威逼利诱，不知怎样拒绝，在他懂事之后回想起这些事，又会觉得羞愧万分，产生一定的心理负担，甚至会有一些行为扭曲。

长大之后告诉家长自己小时候的遭遇，有些家长会碍于是亲戚、熟人的情面不好意思说，或认为小孩已长大，小时候的事过去了就算了。这令孩子更加委屈，更难理解，致使孩子的心理越来越偏离健康轨道。

家长容易被熟人蒙蔽，对此家长务必警惕和重视，因为此类熟人性侵女孩更占优势，更具欺骗性。千万不要把女孩单独交给男性照顾，或交给单身的男性照顾。对于把孩子交给熟人看管，也要筛选一下，正所谓"防人之心不可无"，当然也不是每一个熟人都是这样。

如果你的熟人很喜欢单独带你的孩子去一些僻静的和密闭的房间玩耍，那要多留个心眼。孩子被熟人带去玩之后，回来也要"随意"地问孩子都去哪玩了，玩了些什么等等之类的信息。

孩子小的时候，不能让其一人在别人家过夜，一定要让孩子养成出去玩不过夜的习惯，避免一些危险事件发生，因为这个世界还是有些性变态者在窥视着，在蠢蠢欲动着……

3.最亲近的人，也许给你的是意想不到的恐惧

由于没有血缘关系或者婚姻生活不美满、长期缺乏性生活等，养父、继父以及离异、单亲家庭的监护人便把黑手伸向了对其有生活依赖而不敢反抗的未成年子女。

很多案例都是关于父亲性侵女儿的，有的是亲生父亲，有的是继父，一般如果是亲生父亲的话，大多是单亲家庭。

有个朋友说，某女同学长期和父亲发生"关系"，小时候不懂村里人嘲笑她的原因，长大了才知道是怎么回事。

也有的是酒后一时性起，对自己的亲生女儿"下毒手"。

有一个父亲因犯罪而长期入狱，回来之后，女儿也已经出落得亭亭玉立，不料"禽兽"父亲竟然性侵了自己的女儿，幸好这个女孩在学校和社会的帮助下摆脱了心理阴影，

身心健康成长。每每看到这样的案例都让人心痛不已。

　　女孩小迷的爸爸虽然没有构成对她的性侵害，但常常性骚扰她。这是个高中女孩，小时候跟奶奶一起住，稍大一点才回到父母身边。小学的时候，有一次，爸爸喝了酒，叫小迷亲他一下，小迷说："当时只想亲爸爸的脸一下，但是不知道为什么爸爸一下子把我拉过去，并且舌吻了我。之后还反问我为什么亲那里。"由于年龄小，并且父亲是喝了酒的状态，因此小迷当时并未多想。

　　初中时有一次，爸爸也是喝了酒回家，提议要陪小迷去买内衣。小迷内心极不情愿，因为这应该是妈妈做的事情，可是介于父女关系，并没有拒绝。这时，爸爸突然伸手来摸她的胸部，并且询问她内衣的尺寸，她一时愣住，并且开始躲避和讨厌爸爸的行为。

　　高中时，爸爸也是在喝了酒的状态下，从背后侵犯她的胸部，并对她的胸部实施短暂的挑逗。而且爸爸清醒时，多次从窗户爬入她的房间，用手抚摸她的腿，当她斥责爸爸出去的时候，爸爸解释"爸爸只是想和你睡觉"，因为她有裸睡的习惯，所以当爸爸扯她的被子时，她"害怕极了，非常惊恐，有想一死了之的冲动"，之后用头猛烈撞击墙壁。有一次被妈妈发现，遭到了妈妈的斥责。后来，爸爸还给她发了条短信说，"昨晚我梦到和你做爱了"。

一个最亲近的人不是给你最温暖的拥抱，却给了你惊恐的噩梦，扼杀了你和平喜悦的幸福，让你从此忐忑、诚惶诚恐地仰望人性和亲情，即使仰望也掩饰不了眼里的泪水、心里的伤痛。

试问最纯粹的爱何在？这样的父亲，请找找你内心的纯爱。亲近的人，请对得起"亲近"这两个字！

为了预防女儿遭受来自家庭的性"黑手"，母亲需要多个"心眼"，尤其是对一个重组家庭的母亲来说。多个"心眼"，把女儿的性安全放在心里；多个"心眼"，关注女儿的变化，身体、情绪、行为上的变化，关注女儿和父亲之间的互动关系，如果你有心，这些变化总逃不过你的眼睛；多个"心眼"，告诉孩子，"不管对方是何许人，只要有出现不舒服的触摸，都要绝对捍卫自身的自主权"，这句话里包括作为男性的父亲；多个"心眼"，有意识地和孩子多谈心，聊聊青春期的事，用心去贴近女儿的心。当发现父亲对女儿有这些迹象或行为时，母亲要有一颗勇敢的心，拒绝懦弱。母亲在孩子性保护方面的"真爱之心"、"敏感之心"、"勇敢之心"，会有力地预防和降低孩子受到来自家庭的性伤害。

如果对孩子来说，父亲是"天"，母亲是"地"的话，那么当有一天这个"天"不再保护她，却是要伤害她的时候，能承托和保护她的唯有"大地"。

4. 老师这个"熟人"

青葱岁月摇曳在那清新美丽的校园里。那是一片肥沃的土壤，滋养了无数学子的梦想；那是纯洁的沃土，孕育我们对明天的希望；那是一条历史的长河，我们在这里耕耘，在这里收获。校园承载了我们太多的激情、梦想和成长。我们大多数人对校园有一种难以割舍的情怀，可是总会有令人遗憾的剧情出现，让这清纯而美好的土地沾染上一些污渍、斑点。

校园性侵案件近几年被频繁曝光。例如：某市小学校长带女生开房；某市一年近半百的老师因猥亵强奸幼女被判无期；某省一农村小学教师，在为妻子代课期间，将班上的两名女生强暴，并连续三年对其中的一女生进行蹂躏；等等。而孩子在被曝光之前个个都是"沉默的羔羊"。校园性侵现象之严重从这些案例可见一斑。

大多数校园性侵案的施害者都有一个共同的身份：老师。

第三章
树立防范意识——建立预防性侵害的防火墙

　　受害者大多是儿童。当这种伤害是来自自己很信赖的老师，来自关系如此亲密的"熟人"，会让孩子的世界充满了恐惧、无助和不安全感。课堂不再是精彩人生的起步舞台，而成为了沉重的负担。

　　出了事之后孩子就不再上学了，后来就转学了！孩子原来挺活泼的，现在有严重的抑郁症，她很少和别人说话，看见男的就怕。现在孩子上初一，她特别不喜欢新来的数学男教师，我不知道这种影响会到什么时候。这日子……什么时候是个头呢！

　　遭遇过性侵害的儿童受到巨大的身心伤害，这种伤害是一种被撕裂的痛，也许伴随她终生，继而会引起孩子性格上、行为上、价值取向上的一些变化。即使未来外面是阳光普照，她依然独自躲在角落的阴影中，带着彷徨、质疑的眼神望着外面的世界。

　　校园性侵案的发生，通常是农村学校居多，城镇学校发生率低一些。

　　教师性侵害的特点往往是一案受害人多，反复作案率高，是其他案件不能比的。

一是学生年幼不知反抗，孩子自我保护能力比较弱，有些孩子分不清正常的接触和性侵害的区别。

二是迫于其特殊身份，孩子不敢反抗、不敢拒绝。有些孩子害怕反抗了会受到严重的惩罚，这种心理为犯罪人创造了有利条件，使其能在长时间内为所欲为。另外，有些学生分清了，但不知该怎么办，不知应该告诉谁；有些孩子告诉了家长，但家长持不置可否的态度，无法帮助受害学生摆脱被侵害的困境，反而让孩子不敢再对其倾诉，只好独自忍受。

校园性侵案的发生，令师德蒙羞，相信学校会采取相应的措施去预防和惩处。家长不能因此就对老师丧失信心，因为这毕竟是教师队伍里的极少数蛀虫。

家长要做的就是让孩子有自我保护的力量和勇气，养成孩子有自己主见的习惯，对老师的尊重是必需的但不能盲目，当遇到伤害自己的事时要有明显的判断力和辨别力，并且果断拒绝、机智应对，或找借口逃离，事后寻求家长的援助。

父母的支持对孩子来说永远是那么美，父母是孩子心灵的后花园，这片后花园需要你我的共同守护才能使他们健康成长。所以良好的亲子沟通是前提，跟孩子之间的良好沟通，会让孩子有机会、有勇气、有意愿跟你交谈自己所遇到的事。良好的沟通会让孩子从内心感觉到被支持，从中获得力量，帮助他们的内心更加强大，指导他们如何更好地保护自己。

五、关注容易被忽视的性侵害群体

在众多未成年性侵案件中，有两个受伤害的群体被关注得不多，他们分别是留守儿童和男孩。

1. 留守儿童之痛

留守儿童的家长常年在外务工，有的半年、一年，甚至几年都不给孩子打一个电话、写一封信、见一次面。

曾经也有节目专门关注留守儿童，画面上那些孩子提到自己的父母就泪流满面，那种对亲情的渴望看得人心碎。

不在身边的亲情难以满足孩子被关怀的需要，以致孩子有了烦心事也无处诉说。而留守儿童的监护人大多是家里的老人或者亲戚朋友，有的是文盲或半文盲，他们只关注孩子的吃穿，却不知道从心理上关心孩子、照顾孩子，与孩子在沟通上存在困难。

由于大部分留守儿童属于未成年人，缺乏保护自我的意识和能力，对突发性事件缺少应变和自救能力，没有家长的直接监护，更容易受到不法分子的性侵害。

芃芃，上幼儿园，遭遇黑手对其下体采用手抠、摸的方式进行猥亵，导致小女孩处女膜破裂，多处器官受损。甚至有一个变态侵害人在猥亵3岁幼儿桃桃时，还用手机拍摄其实施猥亵的照片。可以想象，小女孩长大后，当知道自己曾经有过这样噩梦般的经历时，该如何面对那不堪回首的、离自己很远但又很近的创伤？

小宁的父母也是在外务工，她跟着爷爷奶奶生活。小宁与隔壁的小燕比较要好，放学后也会到她家玩。有一次，小燕的爷爷把小燕支开，单独留下了小宁，他让小宁看电视，画面上出现的是两个男女亲热的场面。小宁看得脸红就不看，跑到旁边。这时，爷爷开始抚摸她的头发和身体，并把她抱进怀里，夸她长得乖，学习成绩好。此时小宁觉得没什么不妥，爷爷又给了她棒棒糖和10块钱，说是对她的奖励，并告诉她不能告诉任何人。后来爷爷说要模仿电视上的人做游戏。随后将她的裤子褪去，接着又脱掉自己的裤子，对小宁开始猥亵，小宁感觉不好，想逃走，不料对方竟将她强行按在身下。后来奶奶过来找她的时候才发现了此事。

第三章
树立防范意识——建立预防性侵害的防火墙

小玲，14岁，是留守孩子中的"大姐大"，可是她却躺在床上，表情冷漠，不管别人怎么问都不回答，只是望着窗外，一张清秀而稚气未脱的脸上却有着让人困惑的茫然。父母都在外地，很少回来，也很少关心她。她在亲戚家住，青春期孩子有的叛逆她都有，内心的自卑和压抑让她迷失了自己。她喜欢上与社会青年交往，也有了自己的小圈子，当上了"大姐大"，经常都是QQ、短信、微信一招呼，就跟着陌生人出去玩了。可是就在第二次跟认识的"哥们"出去玩时，悲剧发生了，她被多个地痞性侵。邻居的指指点点，让她的生活陷入了不平静……

3岁，9岁，14岁……美好的年龄却惨遭黑手的摧毁，生命中留下的是不堪的回忆与难以治愈的伤痕。留守儿童成了流泪儿童。一组组数据让我们震惊，一桩桩事件让我们痛惜。

对于留守儿童，亲情永远是他们最大的渴望，他们渴望父母的怀抱，渴望父母的保护。可是就现状而言，这些本来并不过分的愿望似乎却是奢侈品。谁来守护他们那一颗真诚的、满怀渴望的脆弱的心？谁来保护他们不受伤害？这些问题牵动着社会大众的心弦。

为留守儿童撑起"保护伞"，父母有着更多的责任。留守儿童的父母平常可以多用电话、微信等方式与孩子沟通，虽然空间受阻，但这样的方式让孩子感受到父母的关心，能弥补空间距离带来的遗憾，给孩子增添内心的安全感。

当遇到问题时，父母就是孩子首先想到的心理保护伞。互动良好的亲子关系能打破羞涩遮掩的态度，让家长更有效地告诉孩子预防性侵害的知识，也让孩子感到有足够坚强的心理后盾来保护自己。有了这坚强的心理后盾，当孩子不幸遭遇性侵害时，他（她）会第一时间告诉父母，把性侵害造成的心理伤痛降到最低。

请在外务工的父母给予孩子更多的重视，与其他监护人多沟通，一起关注孩子的安全尤其是性安全，让他们的青春年华灿烂绽放。

2.被忽视的伤害：男孩子被性侵

在说到男孩也有可能受到性侵害时，很多家长往往都不以为然。

可现实中，确实有读小学的男孩遭受过性侵：被亲戚抚摸下体，或者在路上被人猥亵。当这些事情发生在您的家庭里，您作何反应，心里是怎样的感受呢？

家有女儿，父母肯定要操心；家有儿子，也不可掉以轻心。一直以来，大部分人都认为在性侵案中女孩是受害者，

第三章

树立防范意识——建立预防性侵害的防火墙

而往往忽略了另一受害群体——男孩。

老师和家长对女孩保护、照顾的用心程度会远远高于男孩。我们都会看到晚自修后校门口满满都是家长的身影，他们更多的是来接女孩，男孩要么三三两两结伴而行，要么做"独行侠"。

以前一直觉得高中生就要学会独立，不满这些女生如此矫情让父母风霜雪雨地当自己的"护花使者"，后来才感叹为人父母之心的不易和明智。在夜晚接送女儿，"那是必须的"。从中足见女孩更受父母的保护。那么男孩呢？

父母一般对男孩还是比较放心的，只告诉他不许打架、不许早恋、不许和社会青年待一起等，可家长忘了告诉男孩在性安全方面的自我保护，以致男孩在应对突如其来的性侵犯时慌乱无措，遭遇性侵害后产生的心理伤害和阴影不会比女孩轻。

男孩受到的性侵害一般来自同性恋、恋童癖、双性恋等，也有少部分是来自成年异性的。

男孩涛涛，就是被一个同性恋者性侵了。涛涛趁着暑期在超市打工，碰到了一个好"哥们"。这个"哥们"对他照顾有加，年纪比他大蛮多，但是事事都会教他。涛涛觉得遇到了好人。谁知这"哥们"有一次在自己家里喝完酒后竟突然把涛涛强按在墙上，开始吻他，并且做出各种各样的动作。涛涛措手不及，惊慌失措之余他猛地把"哥们"推开，然后迅速逃走。可是每每想起这件事，就如梦魇般难受，不知如何排解。

对于大多数男孩来说，成为受害者的滋味并不好受，有些人在受到性侵犯后会因为内疚、羞耻以及愤怒而惩罚自己，有些人会变得有攻击性，如与人吵架、打架等。这些都是行为反应。

男童被性侵后会出现情绪紧张、恐惧、对人失去基本信任、认为自己不洁、厌烦过去喜欢的活动等症状。如果事后没有受到相应的关怀和心理疏导，很可能影响他今后对异性的看法及其性取向。有一部分同性恋者就是小时候和成年同性发生性行为而导致的。

台湾性教育片《如果早知道，男生也会被性侵》在网络上走红。片中的男孩阿伟是个中学生，因为受不了奶奶在家的唠叨，跑出去上网，在网吧遇到一男子杰哥，禁不住小恩小惠的诱惑去他家，被杰哥性侵，从而陷入了痛苦的深渊。

之后还不断地受到他的威胁和骚扰，阿伟不知如何处理，痛苦万分。"如果早知道会这样痛苦，我绝对不会让你接近我；如果早知道会这样痛苦，我绝对不会让你伤害我。你的接近早有预谋，你的伤害无边深渊，谁能帮助我，脱离这可怕的梦魇，谁能听我说，谁能保护我？"这是阿伟的心声。

如果早知道男性也会受到性侵，阿伟在遇到有点怪的杰哥的时候，也许会多留一些心眼；如果早知道自己会受到如此的伤害，他绝对不会一步一步地迈进去；如果早知道自己会遭受如此的痛苦，他绝对会更加注意自我保护。可是怎样才能"如果早知道"呢？这跟家长有关系吗？答案是绝对的。

为什么男童的性安全更易忽视，为什么作恶者可以屡屡得逞？为什么受害男孩在性侵害面前毫无防范，显得那样无助无奈？原因何在？

首先，我们得看看整个社会的性安全教育是怎样的。显而易见，这一块目前还是一个缺口，对女童受侵的关注度也是近几年才上升的，由此展开的性教育似乎也是新出炉，有些地方这块教育根本就是盲区，导致家长在观念上并不重视，或者是只把焦点放在女孩身上。

其次，孩子不知道向谁说。当出现这种状况的时候，父母真的不好推脱责任。因为你没建立好亲子间的良性互动关系，没有在孩子内心创造一种可以信赖、讲真话的安全感。在受到猥亵和性侵时，年幼的孩子不懂这是伤害，大一点的孩子会感到内疚自卑，当他们鼓足勇气向父母倾吐心事的时候，父母是否给了他们足够的安全感？家长应该和孩子多沟通，经常给孩子来些"心灵鸡汤"，当发现孩子跟平常不同或者是心事重重的时候，你的主动沟通也许就能把孩子的心理伤害降到最低，因为他得到了心理上的支持和力量。

男孩也需要父母的细心呵护，当我们时刻敲响保护女孩的警钟时，也别将男孩拒之门外。

所以，让男孩清楚性安全问题的存在，有利于他们更好地自我保护。亲子关系如果很好，家长也有这方面的意识与孩子沟通，跟孩子讲一讲这方面的事情，对他进行这方面的教育，孩子在遇到一些类似的麻烦的时候，就不至于乱了分寸，至少能有警惕心。作为家长，有时候不必很正式地把它作为一个话题来讨论，饭桌上、闲聊中，把已发生的事以讲故事的方式说给孩子们听，故事本身就是对孩子的一种教育。

六、看清性侵害实施的手段

你的孩子经"骗"吗？

如果自己的孩子莫名其妙地多了零花钱，还有各种新得到的玩具，你会怎么做呢？请一定要孩子说清楚怎么来的。因为以物质引诱孩子是恋童癖罪犯常用的手段，家长和孩子都必须知道，对那些特别爱单独找孩子玩耍的人要更加小心注意。性侵害者常用的手段多种多样，家长要教孩子善于辨别、加以防范，你准备好了吗？

如何防骗？来了解犯罪分子常用的几种骗术：

1. 引诱

给礼物，吃糖等，给予一些小恩小惠的无知诱惑。

小孩子一般比较容易哭叫，但也容易被诱骗。因此，性侵者经常利用食物、玩具、礼物等进行贿赂哄骗，如："让我抱一抱，亲一下，我就带你去买玩具。""我们玩个游戏，谁赢了就有棒棒糖，谁输了就脱裤子。"在小孩子的眼中，糖和玩具是很难拒绝的，受这些小礼物的诱惑，往往极易陷入恶魔的圈套之中。

在校园性侵害案例中，有的老师就是用零食引诱小男孩发生性关系，致使男孩患上性病，让人心痛。

以下是一则在留守儿童中发生的引诱事件。

从三年级开始，青青父母因为常年在外务工，就委托舅舅来家照顾青青及弟弟。有一天，当青青向舅舅要钱时，无耻的舅舅竟然要求以"玩游戏"作为交换，青青在无知的情况下被性侵。而后，这个舅舅经常以金钱引诱青青多次在不同的地方发生性关系，直到上初中后，学校开展了一些生理卫生课，青青才明白了自己的遭遇。当舅舅又一次无理地要求"玩游戏"时，青青无法忍受，终于选择报警，用法律的武器捍卫自己的权利。

家长平时就要教孩子不随便接受别人的东西，如果想接受，也要先征求爸妈的意见。要是对方给你一些小礼物，要你做一些事，绝对不要接受这种交换。目前，因为生活水平高，只要家长经常教育，孩子因"糖衣炮弹"被骗的概率肯定会下降。

还有的引诱是利用情感的。如："你是个听话的好孩子，所以我爱你，喜欢摸你，看这个，你可以摸我一下。"由此可见，听话也是要有限制的，家长要孩子听话，那也应该是听父母的话，而不是乖乖听别人的话。

2. 问路

"带我去某某地方好吗?"

小D有一天走在公园山旁边,前方有一男子和她打招呼问路,说自己不知道某某建筑工地该怎么走,小D告诉了他方向,但该男子还是说:"小妹,你看我刚到这个地方不久,我原来就在那建筑工地上班的,出来一下子就找不到路了,方向感不强,你这样跟我说,我还是糊里糊涂的,我有电动车,不如你坐我后面帮我指路,可以吗?"小D看他说得如此诚恳,心想,现在反正是白天,而且这个工地也不远,要不就带他去一下吧。

于是她就坐上了这个陌生男子的电动车,带他到了工地。工地很安静,今天似乎没有开工。陌生男子连忙表示感谢,并邀请小D到建筑工地参观一下,小D说自己有事,正要走时,陌生男子拉住了她。小D拼命反抗,但力气拗不过男子;想要大叫,却被捂住了嘴。陌生男子用绳子把她绑着,用东西把她的嘴巴堵住,把她拉到了还没建好的三楼空地,开始对她动手动脚,小D拼命挣扎。突然男子停住了,似乎改变了主意,一场劫色事件演变成了绑架劫财事件,最后小D利用自己的智慧使警方很快就把她解救了出来。

问路带路,差点酿成一场性侵犯的悲剧。当然这个男子

的作案手段似乎不怎么高明，他本身也不算穷凶极恶之徒。假如小D遇上的是比他更高明、更狠毒的罪犯，或许会造成更加严重的后果。

当遇到有人向孩子问路并要求其带路，或声称自己有事需要孩子帮忙时，家长应告诉孩子应对的方法，学会向对方说"不"，"对不起，我无法帮你，请你找大人帮忙。"同时还要告诉孩子，在路上行走的时候，如果有车辆靠近自己，要尽快往后退几步或者往前跑几步，和车保持距离，这样可以避免不法分子乘机将孩子强行拉上车。

警惕问路人，可当指路人，不当带路人，发现有疑问，警惕心提起，自我保护常记心。

3. 装熟

"我认识你爸爸。你是童童吧？我是你爸爸的朋友，他因为忙让我来接你。"

这样的现象，生活中也不是没有发生过，那么可以做些什么呢？我同事的一种做法值得借鉴。她因为有事叫我帮忙接一下她小学一年级的儿子，交代我接到她儿子后要打个电话给她，让她儿子接听，这是她一贯的做法。除了夫妻双方去接之外，他人去接包括亲戚和朋友，都让儿子被接之后拿亲戚和朋友的电话打给自己，从小就这样教儿子。当时我的

感觉是这样做是不是过于小心了，现在觉得这相当有必要，这样就能避免小孩被假冒的"爸爸妈妈的朋友"带走。俗语不是说嘛，小心驶得万年船。

4. 欺骗

借口通常是"我是警察"、"我是某某节目的导演，招聘小演员"之类的。

有民警去一家幼儿园做过一个实验，告诉孩子们自己是"爸爸去哪儿"的导演，要挑选一些小演员去做节目，问愿不愿意跟他走，去参观节目现场，结果小家伙们手都举得高高的，都愿意跟"导演"走。这是一种现象。

一些不法分子为达到其目的，对孩子连哄带骗，所以家长要告诉孩子，无论这个人说自己是警察还是其他什么人，孩子都应该说"我要打电话给我妈妈"，而不能轻易跟对方走。家长可以进行角色训练，在家中找一些情景和孩子练习，比如家长扮演一个陌生人要求小孩带路，给予一些糖果要求小孩做一些事情，或谎称自己掉东西了要求小孩帮忙一起找，看看孩子是不是可以做出正确的回应。如果小孩做得不够好，夫妻双方可以先做一组示范，再跟孩子进行角色扮演，孩子会更清楚如何做对自己是好的。

5. 麻醉

喝饮料，或投毒。

这样的事件也时有发生，如一六旬老汉以喝饮料为借口将一六岁女孩骗至家中对其性侵，其无耻行径令人发指。青春期的一些女孩，喜欢出入酒吧、KTV 等场所，因为大意喝下了居心叵测的人下了药的饮料或酒，致使一些悲剧发生。

6. 吓唬

一脸凶猛，试图使用暴力强行拉走孩子，继而进行恐吓的行为。

假如孩子遇到这些情况，应该怎么办？教孩子记住以下三个步骤：第一，呼救。一旦碰到类似危险的时候，孩子一定要大声呼救，如"他不是我叔叔或姊姊，我不认识他"，"你不要过来，我不认识你"等，让周围的人听到小孩跟对方是不认识的，周围人就可能会帮助小孩脱险。同时大声呼救反抗一般会迫使坏人放弃他的行为。第二，逃跑。一定要跑到人多的地方，切忌跑到巷子里或人少的地方、空间小的地方。第三，寻求大人的帮助。家长平常就要告诉孩子遇到危险或麻烦的时候可以向哪些人求助，如有哪些熟人，或者找商店里的人，或者是警察局、消防局等政府部门的人员，识别警察局、消防局等的标志，告诉他们警察局等的电话。

第三章

树立防范意识——建立预防性侵害的防火墙

7.网络等的致命诱惑

互联网的发达和日新月异，让上至老人，下至小孩，几乎所有人都离不开网络、手机。这已经成了生活中必不可少的一部分，办公室、餐桌上、街上等到处是"低头族"。很多孩子一有空就喜欢泡在网上。而网络上鱼龙混杂，网络色狼潜伏在各个角落，稍有不慎就可能被盯上，可以说是防不胜防。尤其中学生又处于青春期，对很多事物充满了好奇心，稍经诱惑就会犯下错误。防范网络色狼，学会保护自身的安全刻不容缓。

近年来微信中的"摇一摇"功能，是很多年轻朋友喜爱的交友方式，它满足了人们的好奇心，增进了人与人之间的沟通交流。但微信也是"危信"，它摇来的可能是相见恨晚的友人，也可能是披着羊皮的狼。不法分子往往就是利用微信来进行违法犯罪活动的，因此利用微信诈骗、抢劫、强奸的案件时有发生。

小丽在一次和男朋友闹矛盾时，无意中通过微信"摇一摇"，摇来了一位风趣幽默的男青年，初次见面两人交谈甚欢，非常投缘，于是两人就聊开了。但年轻人并不只是单纯想交朋友，当得知小丽家境不错时，他就开始打主意，和自

己的同伙串通，想要敲诈钱财。于是，小伙子诱骗小丽来到
一家宾馆开房，而事先已经在宾馆里安装了摄像头，激情的
画面被拍了下来，小伙子的同伙拿着照片向小丽勒索钱财，
第一次小丽没办法，给了对方索要的金额，但依然被蒙在鼓
里，不知这些照片是怎么来的。之后一而再再而三的勒索让
小丽无法忍受，只得求助公安机关。事后当她得知"新男
友"的真面目时，后悔莫及。

　　有的不法分子与女孩约会时，想办法事先或是偷偷将迷
药放到女孩喝的饮料或酒中，也有的在酒中放入安眠药，待
女孩晕了、睡着了，就将其背到酒店实施强奸。女孩第二天
醒来后，会遗忘之前发生的事，这时即使发现自己遭受性侵
也无法报案。

第三章
树立防范意识——建立预防性侵害的防火墙

美国调查网络约会犯罪案的史密斯警官认为，在互联网上网民"完全不知道键盘的另一端是什么人，在网上大约有60%的人在撒谎"。不要盲目轻信网络，是女性避免网络约会被强奸的第一步。

另一种是隔空的网络骚扰：视频、看淫秽录像、言语调戏等。也许有人认为非身体接触无关紧要，但这依然存在极大的危险，属于性骚扰，依然会造成伤害，极易把自己推向潜在受害者行列，也是值得关注的。

家长可以做的有：第一，随时注意孩子的上网时间和状况，做到对孩子上网的状况心中有数。第二，和孩子探讨网络虚拟世界中的一些欺骗行为以及如何防范的知识，比如和网友见面要在什么样的场合比较合适，能否单独见面，能否和网友私下交往，能否和刚认识的异性去酒店等这些密闭的地方见面等。如果不能，那又该如何做，从中向孩子灌输一些正确的价值观和自我保护意识。

网络交友自我保护注意事项：不留个人的真实资料；不和不认识的网友单独见面；不食用对方转手过的食物、饮料；不玩容易引起性欲的游戏；不要随意参加不认识或不熟识的网友举办的Party活动；不搭乘对方的车，以免自断逃跑机会。

七、坚持正确的价值取向，抵制"美丽"的诱惑

告诉孩子社会上都会有哪些欺骗手段，让他们做好预防的心理准备，是家长的责任和义务。而当中的一些价值观取向会影响孩子的行为取向。孩子的心如一块海绵，时时在吸收着父母的思想和观念。父母需要从小给孩子灌输一些正确的金钱观和价值观。

君不见如今的高中生因为虚荣心互相攀比的现象比比皆是。虽然校服整体统一，遮住了一部分攀比，可是虚荣心无法掩盖，衣服比不了，那就比鞋子，你穿耐克，我就穿阿迪。有学生说，虽然自己的鞋子是网上淘的仿品，但至少是有个牌子，不管别人是否认得出来，认出来是假的也没关系，因为很多同学都是这样的。大家都穿有牌子的，我穿没牌子的很没面子。是不是非得穿名牌的衣服和鞋子才能成就自我价值呢？也不能全怪小孩，毕竟名牌产品、名牌广告在他们成长的世界中满天飞，关键在于从小开始家长如何正确引导孩子的价值观。

在不少案例中，往往是施害者给点钱，然后要孩子做一些很懵懂的事，小孩子觉得金钱可以买自己想要的东西，而爸妈似乎平常给自己零用钱不多，难免被诱惑。所以当孩子

第三章
树立防范意识——建立预防性侵害的防火墙

小的时候，就可以教他们分辨不同的硬币价值，然后可以买个小猪之类的储蓄罐，让孩子把平时收集到的硬币放入储蓄罐，孩子就会感觉到自己金钱的累积，自己有个"银行"，必要的时候可以买自己需要的东西。

家长要有意识地给孩子灌输陌生人或熟人给钱不能要的观念，因为孩子自己有钱可以买自己需要的东西。小孩子没有大的金钱概念，在一些小恩小惠面前，小家伙就会比较执着地想到自己有"钱"。

家长要让孩子知道要和需要之间的区别，合理的需要是可以被满足的，不合理的需要爸爸妈妈是不会满足的，没有不劳而获的东西，没有天上掉馅饼的事。陌生人满足了你不合理的需要，肯定会怀着什么不良的目的。

多鼓励多赞美孩子，也是帮助他们减少虚荣心，获得肯定的自我价值感的途径。自我价值感强的孩子能更好地自我尊重和尊重他人，不容易被一些东西所迷惑。

对于小点的孩子，可以通过讲一些动人的故事引导他们树立正确的价值观。对于稍微大点的孩子，家长要多和孩子聊天，这不仅可以促进亲子关系，同时更容易了解孩子最近的心理动态和想法，假如发现孩子目前的想法似乎有些偏差，可给予及时的引导和纠正。

教导孩子学会自我保护，是父母的责任。获得性知识是孩子的权利，它可以使孩子对自己的人生更负责，更有助于他们把握自己，保护自己。在丛林中穿行的孩子们，即使有亲人的百般呵护，如果没有出发前的准备，照样会不知所措。父母们，先去学会如何保护自己的宝贝，然后让宝贝学会如何保护自己，才能让这些纯洁之花尽情地绽放，开成一朵朵向阳之花，快乐平安地成长。

第四章

树立生命第一的观念
——正确应对性侵害

职业技术学校的女孩小乐，长得美丽大方，活泼可爱，经常跟社会青年混，去娱乐场所唱歌吃饭，一次偶然的机会认识了强哥。强哥对她很照顾，想要追求她，三番五次送她小礼物，接送她上学、放学，最后小乐答应做强哥的女朋友。

强哥承诺小乐放暑假的时候带她去避暑山庄玩一个星期，小乐想也没想就答应了，她不知道和男生在外过夜其实是件非常危险的事情。果然到达避暑山庄的第一个晚上，小乐被强哥安排同住一个房间，并且强哥强行要求和她发生性关系。强哥露出本性，小乐不知所措，大声喊叫，用东西砸他、咬他、踢他，可是强哥很强壮，这些反抗反而激起了他更大的"性趣"。

小乐被逼到窗台边，她感觉自己毫无退路了，只有跳下去才能保全自己的清白，她的父母才不会为之蒙羞。小乐不顾自己所在房间是6层就跳了下去，所幸窗台下停着一辆小货车，小乐摔到了物品上，没有当场死亡，但脊柱严重受伤。经过抢救，命是保住了，但下半身残疾了。

小乐的"男友"强哥否认自己的罪行，一口认定小乐是因为欣赏窗外的风景而意外失足掉下去的，而小乐也没有强哥想要强奸她的十足证据。这场性侵害虽然没有得逞，但是小乐却在这一次的生命和贞操的选择中损失惨重，令人痛心。

像小乐这样单独赴约和男生旅行其实是非常危险的，极有可能被强迫发生性关系，倘若答应同住一室，更容易被人误解是可以发生性关系的。遭遇性侵害时，小乐比较害怕，动用自己并不擅长的武力去解决，反而激起了施暴者的怒火或者兴致，面临更大的危险。最后，小乐在施暴者没有危及她的生命的情况下，没有生命第一的意识，选择了对自己伤害最大的做法，实在是不明智！

媒体报道过很多性侵害的案件，有些性侵害的发生是不法分子蓄谋已久的，受害者可能长期被监禁于某处，人身自由尽失，受到不同程度的虐待和伤害。受害者在求助无门的情况下，可能会通过跳楼、轻生等方式来应对，而这往往导致残疾乃至失去生命等更严重的后果。

有些性侵害的发生是施暴者一时"性"起，看到身边的少女萌发了犯罪的念头；而受害者惊慌失措，错失了自救和求助他人的机会，往往事后想来悔恨不已，对自我失去信心，失去活下去的意志。

为了避免类似的悲剧再次发生，让生命之花在遭遇暴风雨之后能够开得更绚烂，家长应该清楚地告诉孩子在遭遇性侵害时可能遇到的情景以及应对的办法。

一、明确态度，及时喝止

小芝是个爱美的女孩，每年生日父母都会为她拍一套艺术写真。16岁生日的艺术写真是某影楼的摄影师小亮帮她拍的，也正是这个小亮在拍摄过程中对她实施了性侵害。据小亮向公安机关交代，帮小芝摆造型时，与她身体接触自己心里就有点激动。

简单化妆后小芝被带入摄影棚，拍摄开始前，小亮把影棚的门反锁，小芝由于年纪小对此没有在意。穿着海军短裙的她开始按照小亮的要求摆出各种姿势，谁知拍了半小时后，小亮的要求越来越出格。

在拍摄一组小芝坐在沙发上的照片时，小亮要求小芝拉高自己的裙角，露到上半身。让小芝没有想到的是，小亮突然凶相毕露，强行与小芝发生性关系。因为怕小亮打自己，整个过程中小芝哪怕感受到下体疼痛，都没有高声呼救。

在整个过程中，小芝并没有明确表示拒绝，只说了句"别欺负我，我不照了"。但不是那种警告的语气，结果小亮就没有停下来。

本案例中，少女小芝无疑是受害者，但仔细回顾整个事件经过，小芝应对性侵害的方式确有不妥之处，对于与陌生异性共处一室没有任何防备之心，对于摄影师小亮奇怪的行为举止没有任何质疑，甚至在对方有越轨行为时也没有明确表示拒绝。施暴者小亮的犯罪行为不是预谋已久，而是一时兴起，在小芝没有明确抗拒的情况下，愈演愈烈。

家长需要提醒孩子，有些性侵害行为是从语言骚扰和肢体骚扰开始愈演愈烈的。而有些女性朋友对外界的性骚扰态度暧昧，不置可否，有的还将摸自己的头发和脸蛋、讲一些男女之间的话，看成是老师、长者、领导喜欢自己，不以为戒，反以为荣，客观上强化了对方实施性侵害的心理。

树立生命第一的观念——正确应对性侵害

　　所以，为了避免性侵害，防止事态朝向迫害生命等恶性方向发展，首先要自尊自爱，极力避开险恶的环境和消除受害的条件。如果不幸还是遭遇性侵害时，要向对方明确表明态度，这种态度的表明方式，可以是肢体拒绝，用力推开对方，迅速离开事发地；也可以用简短有力的严厉语言正告对方，使其检点自己的行为。

　　我们曾碰到这样两个真实的中小学生勇敢应对性骚扰和性侵害的案例，他们态度明确地拒绝施暴者，使自己受到的性伤害降到最低。

　　案例1：小画，10岁，小学生，遭遇男教师猥亵，利用棒棒糖诱骗孩子吸吮自己的生殖器。小画的父母曾教给过他一些关于儿童性教育的知识，所以他很快觉察到老师在实施流氓行为，哭闹拒绝，表示肚子疼想回家。回到家以后，小画勇敢地跟父母讲述了自己的遭遇，让男教师的恶行止步于此。

　　案例2：小白，17岁，高挑白净。国庆节放假，她从学校回家路过闹市区，一个近40岁的社会青年向她伸出了咸猪手，抚摸她的胸部，小白奋力拒绝，并警告他如果再这样就报警，这才呵斥住这个变态的男子。

令人担忧的是，更多的孩子在表达拒绝态度时由于害羞而不敢大声叫喊。这是错误的做法。如果儿童的叫喊声太小或者没有震慑力，那么可能非但不能使骚扰者停止骚扰，反而激发其骚扰的兴趣。所以家长要告诉孩子，在面对性侵害时一定要克服害羞心理，敢于大声叫喊。

可以用的语言有：

——不要碰我，离我远点！

——色狼滚开，不要对我动手动脚！

——请你自重，拿开你的脏手！

——干吗？我喊人了，救命！

家长需要告诉孩子在遇到暴徒时，有权获得朋友的帮助或坚决拒绝暴徒的要求。许多暴徒表面凶狠，内心却很怯懦。孩子一旦感觉到危险，其态度会更加明朗，所以许多孩子齐心协力，一齐高喊"滚蛋"，一般情况下便能把坏人吓跑。只是孩子在选择方式方法上并不都是成熟和机智的，家长应该鼓励孩子识别周围环境，进行自救和寻求他人的帮助。

二、识别环境，寻求帮助

14岁少女小红在广场公厕隔间内遭强奸猥亵近2个小时。其间，治安巡逻队员曾在此巡逻，保洁阿姨曾因隔间门异常反锁两度起疑询问，因为没听到受害者的呼救声也就没再多想。直至保洁阿姨准备强行开门，她才得以获救。

据小红哭诉，她实在太害怕了，没有考虑环境因素，哪怕有警察和保洁阿姨经过，她都不能确定能否获得帮助，因此错失了求助的时机，错过了他人的帮助。

为了避免此类遗憾再次发生，家长需要告诉孩子，伤害随时随地可能发生，遭遇性侵害不是远在天边的事情，每一个孩子都应该直面性侵害。首先要保持镇静，它不仅可以对罪犯起到震慑作用，使犯罪分子感觉你不是软弱可欺，同时可以保证自己临危不惧，临阵不乱，好好识别周围的环境，以寻找时机寻求帮助。

1.让孩子先清楚自己身处怎样的环境

如果你被带到密闭的房间里，你需要查看房间的门窗是否可以打开，或者拿硬物砸碎门窗，还可以把书包扔下去，引起路人的注意。如果你带了手机，你可以偷偷拨打你常用的号码，向对方准确地表达你在哪个位置，哪个小区，周围有什么标志性建筑物，用微信发送定位让你的朋友和家人来救你。

2.让孩子找到周围有可能帮助他的人

如果你的家人就在附近，你的同学就在隔壁，如果你身处闹市区，周围有很多市民，在人多的场合，你一定要大声呼喊出来，不要怕丢人；或者你被拖到了天桥下，有人在附近，有人经过时，你一定要大声呼喊，寻求帮助。你可以喊："强奸，有人强奸我！救命！"

当然需要注意的是：天黑人少慎高喊，孤独无助慎高喊，直觉危险慎高喊。

三、评估能力，反抗OR智取

遭遇性侵害这种事情，从孩子的体力上去评估，一般无法与施暴者抗衡，应以智取为主。再则，施暴者一般无法预估孩子会以智取逃脱，往往以哄骗的方式挽留孩子，一旦孩子以天真无邪的口吻明确告诉性侵者，"父母马上会找来"，"自己待会儿马上回来"之类的话语，寻找合适的机会逃离现场，到人多的地方呼叫，寻求帮助，是完全有机会获救的。

现实生活中不乏这样机智逃离性侵害现场的例子。

案例1：6岁的乐乐被隔壁哥哥叫过去一起看动画片，结果隔壁哥哥看到穿着小花裙的乐乐，突然产生性冲动，企图对乐乐实施性侵害，说要跟她一起玩爸爸和妈妈一起睡觉的游戏。幸运的是，乐乐的妈妈曾经以绘本故事的方式给乐乐讲过性侵害，于是乐乐就对哥哥谎称说，自己要回家找个布娃娃当家里的小朋友。此后，乐乐还将事情告诉了妈妈。

案例2：13岁的少女小花在上学途中被一名陌生男子强行拖入车中，带到了某小区的二楼家中。男子用手铐铐住了小花，准备实施性侵，小花谎称要上厕所，发现厕所没有安装防盗窗，且有一根排水管直通楼下，遂抱住水管，从水管爬下楼，获救。

是的，家长要告诉孩子，坏人是可以骗的，也可以陪同孩子做一些训练：

"叔叔，妈妈和我约定好要带我去公园玩的，应该马上就过来找我了，我下次再来找你玩吧！"

"哥哥，我有个玩具好像落在门口了，我先去拿回来再陪你玩吧！"

"我想上厕所，好像我大便拉裤子里了，先回家去让妈妈看下！"

"老师，我好像听到我妈妈来接我放学了。那我先回去了！"
……

超过14岁的孩子，因为体力相对幼儿更有力气，可进行肢体反抗，或者借助周围物品进行反抗。当然大点的儿童和青少年的反抗意识也相对强烈，笔者曾以身边发生的性侵害案例对周边县市的中学生做过以下调查：

蓝蓝，17岁女生。晚自习骑自行车回家，途经偏僻小路，遇一男子问路。她停下车，谁知男子扑向她，想要侵犯她的身体，与她发生性关系。这时，蓝蓝该怎么办？

树立生命第一的观念——正确应对性侵害

采访的一些女生，有选择直接反抗，大声呼喊的；有选择带手机找机会拨打亲人或者110之类的报警电话的；有选择偷偷拿钥匙出来，扎他眼睛的；有的说，他想强奸你一定会给你机会攻击他最脆弱的地方，趁机踢他下体，用膝盖、手肘等有力气的部位，狠狠地攻击他脆弱的地方，趁机骑车逃掉。

有的做法则似乎比较理智。有的说，不要强攻，强攻会引起男人更大的兴致。智取吧，比如，这里又黑又冷，能不能换个干净的地方，趁机逃跑。实在不行，就说自己其实有病，什么传染病、乙肝、妇科病之类的；或者做一些恶心的事情，如拉大便。也有的说，跟他讲讲道理，你也有女儿的，你肯定不希望她受到别人的伤害，将来身心会受到影响之类的。如果他抢劫，就先把钱给他。当然不能纯粹讲道理，要适当辅以肢体上的抗拒，明确表态不可以。

整理这些答案，不难发现她们的观点比较一致：直接反抗或者智取。随着性意识的觉醒，越是年龄大的孩子在遭遇性侵害时，越不会做沉默的羔羊，所以，在不激怒侵害者的前提下，可以利用肢体不断反抗，不断与侵害者周旋、智取。家长可以将这些方法告诉孩子：

1. **伺机重复呼救**。重复用语可以让附近其他人员更清楚地听到你的求救信息，比如："有人强奸呀，有人强奸呀！"一旦歹徒有其他的威胁和伤害你的生命的行为，除非你看到周围有人或者警察等经过，否则就要暂时停止呼叫，重新寻找呼救的机会。

2. **停止呼喊后，软磨硬泡，拖延时间，顽强抵抗**。某大学一女生，在宿舍遭到校外窜来的犯罪分子的袭击，她毫无惧色，先是严厉斥责，后是大声呼救，但宿舍四周无人，呼救不应，罪犯胆子更大，她不甘示弱，与犯罪分子扭打成一团，犯罪分子终因无法下手，仓皇逃遁。

3. **选择适当机会和方式逃跑**。机会是自己创造的，例如可先假装同意，然后趁他脱衣，用尽全力将他推倒，及时逃跑，并在逃跑时继续呼救，或者当犯罪分子的面孔接近你时，你用手指捅他的眼睛；或者出其不意，猛击其阴部，使其丧失攻击能力，趁机脱逃。如果你穿的是高跟鞋，还可以以此为武器，当犯罪分子将你推倒在地时，你可以用鞋跟猛击其头部或阴部，再趁机逃跑。

4. 采取适当的暴力行为反击。利用身上膝盖、手肘、脚等力量大一点的部位去攻击对方脆弱的部位（比如下体、眼睛、鼻梁、肚子等部位，但不恶意置他于死地）。另外要视情况而定，不要一味地反抗，因为此时的歹徒情绪极度不稳定，而且多半携带凶器。

5. 利用日常用具防卫。如果双方体力悬殊，你无力反抗，你也要想一想自己身上有无可以用于防卫的工具，如水果刀、指甲钳、发夹等，当犯罪分子向你攻击时，用其刺伤犯罪分子的眼睛等敏感部位，乘机逃跑。

6. **冷静机智处理，适当做出妥协。**佯称愿意和他发生性行为，想先洗个澡，借此躲进厕所，用手机呼救；或者利用他脱裤子的时间逃跑；尿裤子、呕吐等让施暴者丧失性致；谎称自己有性病、肝炎等。

7. **性侵害确实发生，逃离无望时，保护自己的身体和生命，实施性侵害补救措施。**比如：记住犯罪分子的特征，尽量在他身上留下你反抗的痕迹，如在其面部、手背上留下抓痕、齿痕。及时向公安机关报案，协助公安机关捉拿罪犯归案。

四、受到威胁，生命第一

幼童的性意识还没有完全觉醒，他们往往没有很强烈的贞操观，这也使得他们在遭遇性侵害时，一定程度上降低了贞操观带来的放弃选择生命的可能性。

韩国电影《素媛》中，小主人公素媛在遭遇暴力性侵害后，首先想到是怎样处理这件事情。她想到父母，但是脑海里父母的忙碌状况让她打消了这个念头，她觉得自己完全有能力去处理这件事，于是自己打110和112，她有着满满的求

第四章

树立生命第一的观念——正确应对性侵害

生欲望。

住院后，各家媒体从四面八方赶来，要求采访她的家人，打探她的消息。看着父母极力避开，她感觉自己好像做错了什么。她开始觉得这见不得光，这是一件很害羞的事情。手术后，她需要安装人工肛门。她的父母懊悔，为什么自己没有亲自送她去学校，不明白为什么坏人偏偏选择他们家素媛。一种无尽的自责和愤怒蔓延在整个家庭里。这种氛围又对素媛产生了不利的影响。

素媛自己想不明白，她做错了什么，才会被这样对待？暴力性侵害带给素媛肠道和阴道毁灭性的伤害。所有创伤后的应激行为和情绪让素媛开始痛苦、恐惧、不安。面对将来的日子，她突然感觉自己不想说话了。心理咨询师告诉她：这不是你的错，这个世界上的确有坏人。咨询师还帮助她把内心恐惧不安的情绪表达出来，用游戏的方式帮她敞开心扉，激发出她的生命之源，让她重燃生命的火焰。

这让我们不得不深深地反思：如果整个社会对于遭遇性侵害的孩子报以宽容和爱的态度，把生命永远放在第一位，那么受害者在遭遇性侵害事件后，便不会想到鱼死网破，或是终结生命。

127

所以，父母在教育孩子自尊自爱的同时，还要告诉孩子遭遇性侵害要以保全自己的生命为最根本的前提。事实上，我们的家长和整个社会在这一点上做得还远远不够。

有个农村女孩小雪，考入了某重点中学。从小生活在农村的小雪，唯一的课余爱好就是上网。周末，许多同学都要回家，而对她来说，回一次家要倒好几班车。因此，每逢周六，她便常光顾网吧。网络给了小雪无限的乐趣——下载流行歌曲、看新闻、看影视剧、玩游戏。

又是一个周六，小雪像往常一样外出上网。当天晚上，同在县城的初中同学约小雪吃饭。同时出现的，还有几个自称老乡的男青年。吃饭时，几名男子对小雪特别热情。在他们的鼓动下，小雪也喝了一些啤酒，结果酒后不幸遭遇性侵害。小雪的学校以怕她"想不开在学校跳楼"为名，要求她转回当地中学上学。

小雪至今不明白，一所自己好不容易才考取的学校，为何不能容她继续读书？而当她回到老家时，等待的不是安慰，不是鼓励，而是四起的流言。回来后不久，小雪的遭遇便在她就读的偏远小镇流传开来。由于不堪种种流言的骚扰，加上耽误了将近一个月的功课，转学后的小雪无法专心读书，成绩一步步下滑，最终只好辍学。

不难理解的是，对小雪来说，这是一个缺乏温暖的社会。唯有将自己封闭起来，才能求得心中的宁静。施暴者虽然已被绳之以法，但她流逝的青春已经无法寻回。假如学校事发后能够更多地思考如何对小雪进行心理辅导，而不是一味要求其转学；假如小雪周围的人能够给她更多宽容和温暖，而不是带着"有色眼镜"打量这颗受伤的心灵，也许小雪的生命会依旧灿烂如花。

正是整个社会的舆论对于受侵害者来说并不温暖，有时候甚至是雪上加霜，才导致众多受侵害者在面临贞操和生命的选择时，盲目地选择贞操，断然放弃生命。

笔者曾给中学生做过这样一项调查：假如你

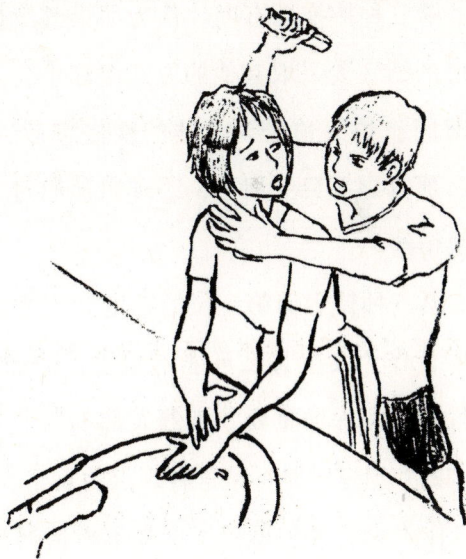

不幸遭遇性侵害，想尽办法用力反抗。谁知歹徒掏出一把尖刀顶住你的喉咙，威胁你，如果再反抗的话就杀死你。事态发展至此，你会继续反抗吗？

遭遇性侵害，生命受到威胁，这个时候会作何决定，我们采访得到的观点大致有以下几种：

第一种持反抗到底的态度。认为清白对于女生来说真的很重要，无论如何要保全自己的贞操，哪怕失去生命。也有一小部分女生认为，他拿出尖刀顶着她，只是想和她发生性关系，并不是真的想杀死她。显然这类孩童没有意识到如果继续反抗可能会激怒歹徒，甚至会失去生命。

第二种持拖延态度。认为如果继续反抗，歹徒真的要杀自己的话，要采取其他的方式缓和下，总之能拖延时间就拖延时间。怕只怕受到歹徒的性侵害后，还要被歹徒杀人灭口，那真是欲哭无泪了，表现出他们对于贞操和生命不保的恐惧情绪。

第三种持生命第一位的态度。认为连男生都觉得清白很重要，作为女生怎么可能不知道？但如果反抗会失去生命，那肯定还是保命重要。不然人都不在了，所谓的清白又是留给谁的？遗憾的是，持这种观点的女生太少。

作为家长要告诉孩子，在不幸遭遇性侵害，反抗失去效力的情况下，应该做到：

1.不要激怒侵犯者，这样会给自己带来生命危险

受侵害的儿童往往会想尽办法反抗，随手抓起物品进行反击，反击过程中若使用尖锐物品，双方都有可能被这些物品所伤。

在东莞理工学院发生的一起校园性侵案中，大二女学生梁某遭到同校大四男生敩翔的猥亵，并被残忍杀害。事发当夜，藏匿在C区4楼女厕的敩翔正在等待作案目标，这时被害人梁某独自一人进入该厕所，待梁某上完厕所后，敩翔用事先准备的水果刀抵住梁某的脖子，将其控制后要求戴上眼罩实施猥亵。在施暴过程中梁某的眼罩脱落，梁某发现施暴者所使用的水果刀放在旁边地上，于是捡起水果刀反抗，并将施暴者的双脚划伤。这样的反抗并没有让对方放弃，反而激怒了他。随后在争夺水果刀的过程中，施暴者将梁某的头部撞击地面把她撞晕，之后又担心梁某会认出自己，用双手掐住梁的脖子致其死亡后逃离。

也有部分受侵害者会用言语直接表达自己的愤怒，比如以"如果你敢强奸我，我一定会揭发你，让你坐穿牢底"之类的话来威胁侵犯者，这些行为和言语极有可能会刺激和激怒侵害者，对自己的生命产生不利影响。

2. 如果力量不足以与侵害者抗衡，也没有机会逃离，在万般无奈的情况下先顺从罪犯，不要以跳楼等伤害自己生命的方式来抗争，保护好自己的生命

近期发生在一所驾校的女学员张某遭遇教练性侵害跳楼的新闻在各大网站被报道。学员张某请驾校教练常某吃饭，常某又邀请了学员杨某、何某等8人参加。饭后，常某和杨某又邀请何某到酒吧喝酒。在喝酒过程中，常某、杨某产生了和张某发生关系的念头。于是常某先让杨某去宾馆开好房间，然后3人一起来到了宾馆房间，常某让杨某出去买酒和味精，想将味精掺入酒中让张某喝下，以此加速张某醉酒的速度。而就在杨某出去买东西时，常某强行与张某发生关系，张某极力反抗，挣扎过程中从宾馆4楼房间的窗户跳下身亡。

身边像这样年轻的生命就此陨落的不止个别。每当听闻此类事件，我们除了惋惜外，还可以做些什么呢？家长有责任跟孩子深入地谈一谈：遭遇性侵害，生与死该如何选择。

笔者用这样的情境去采访青少年朋友：萍儿在回家的路上不幸遭遇性侵害，身体上的痛，精神上的凌辱，让她想到

了死。如果你是萍儿，你会怎么做，怎么想？他们有太多话想要表达了：

孩子1：虽说活下来会有很多人支持，尤其是父母，但我觉得受到这么大的打击，萍儿的精神一定崩溃了。对于她的家人来说，看着她一生的痛苦，长痛不如短痛，还是早点了结一生吧。

孩子2：我不同意前面那位同学的观点。并不是所有的人都是消极的，你可以选择新的环境，继续求学或者参加工作重新开始，未来会遇到一个深爱你的爱人。

孩子3：选择遗忘很难，并不是所有的事情都能遗忘。我知道有个案例，一个女生从16岁开始就被她亲生父亲性侵，长达十年。最近，她终于选择揭发生父。其实她母亲和祖母也知道这事，都让她忍。期间她结过一次婚，育有一子，婚龄为3年。后来离婚了，遇到一个很爱她的人，也就是在这个男人的支持下，她勇敢地站出来。她众叛亲离了十年，都能忍下来，生命有太多让她坚持下来的理由，这是她对生命的态度，也是我的态度。活着比什么都重要。

孩子4：选择结束生命者一定有完美主义倾向，其实生命并不是十全十美的，也许前面没有你留恋的风景，未来还等着你改写，请不要放弃。

孩子5：只有真正面临过生离死别的人，才知道生命是那么可贵。（哭泣）我外婆得了癌症，她那么想要活着，可是结果还是离开了。我觉得很痛苦，我们不应该那么轻易放弃生命。所以，我不敢死，死亡会让事情变得更复杂。

……

3. 家长需要引导孩子明白贞操和生命孰重孰轻，尤其需要感悟生命的价值，以此激发孩子的求生欲

首先，遭遇性侵害后所面临的并不是贞操和生命的选择，而是只想死了算了和愿意活下去的选择。贞操有生理贞操和心理贞操，遭遇性侵害不是自愿所为，心理贞操并没有失去，受侵害者不需要为此感到羞愧难当，无脸见人，应从心底去接纳自己是一个纯洁的人。

其次，生命是可以重塑的。认为一个人不幸遭遇性侵害，就意味着他的生命从此就被罩上了重重的黑色，显然这过于臆断了，生命是可以重塑的。

露易丝·海，1926年出生在美国洛杉矶，自幼父母离异，5岁时遭强暴，少年时代一直遭受凌辱和虐待。她后来

第四章

树立生命第一的观念——正确应对性侵害

逃到纽约，历经坎坷，成为一名时装模特，并和一个富商结婚。14年后随着她的丈夫宣布爱上了其他人，她的婚姻也宣布失败。1970年，露易丝在纽约开始了她一生为之奋斗的事业。1976年她的处女作《治愈你的身体》出版。不久，露易丝被确诊患有癌症，她开始在自己身上实践整体康复的思想。6个月后，她摆脱了癌症，完全康复了。1984年，她写了《生命的重建》，后面的著作有《女人的重建》、《心灵的重建》等等。后来，她成为美国最负盛名的心理治疗专家，杰出的心灵导师，著名作家和演讲家。

最后，你需要跟孩子谈谈什么才是生命真正的价值。生命的价值不在于拥有多少金钱、权力和荣耀，而在于自己本身就是一个有价值的人，并使他人活得有价值。泰国有个Doy妈妈，生活穷困潦倒，被心爱的人抛弃，感情受伤，正在这时医生告诉她，她身患绝症，还剩不到两年的时间……但她觉得自己很幸运，两年可以做很多事情。她收养3个孩子，一个是父母离异被抛弃的孤女，一个是小儿麻痹症患者，一个是偷盗成性的孩子，她给三个孩子无尽的温暖，培养他们的兴趣，让孩子们的生活充满希望，让他们觉得自己活着也是有价值的。Doy妈妈虽有缺憾，但很美好。

五、掌握技巧，逃脱险境

1.防狼器

某格斗馆的一位退伍特种兵向笔者介绍，其实很多孩子特别是女生手无缚鸡之力，他站着让某些女生打五分钟都不见得会受伤。但是，如果能借用自己随身携带的包包、高跟鞋、校徽、雨伞之类的东西当作防狼设备，还是有一定的杀伤力的。

家长可为孩子在随身包包里带上防狼器：

（1）别针。美丽的花式别针既是衣物上亮眼的装饰品，在关键时刻也可以成为防狼利器。不妨在胸前或裤腰处别一枚漂亮的别针，一旦有需要就取下来扎过去。学生可用校徽。

（2）哨子。因歹徒大多怕被发现，吹响哨子引起周围人的注意，让歹徒知难而退。

（3）手电筒。平日里能用来照明，关键时刻还能利用强光照射对方眼睛用于防狼。

（4）防狼喷雾。如最简单的辣椒水，放在小小的喷雾瓶子中随身携带，必要时可派上用场，有助于及时逃脱。

（5）购买专业的饰品防狼器，这类物品表面看有装饰作用不易被察觉，其实有警报作用，便于让他人知道你遇到危险。

（6）避孕套。实在无法避开性侵害，做到保护自己。

2.防狼术

当然，非常有必要学习一些以弱胜强的防狼术招式，公认的三大防狼招式——插眼、锁喉、踢裆还是比较实用的。具体做法，家长可以让孩子在家练习：

（1）**被按压在身下怎么办？**

歹徒按压受侵者，致其倒地后成仰卧姿势，这时歹徒可能站着，可能跪着，可能坐着，可能趴着，可能骑在受侵者身上，也可能卧靠在旁边。一般而言，这种情况下，受侵害者仅上半身被压制，可能还被抓领、抓肩、搂脖、掐喉，只要手脚尚可自由活动，都要尽可能地采取攻其要害、一招制敌的抬腿蹬击裆部的方法。

具体可以采取的攻击方法还有：

①如对方是分跨于仰卧者的身体站立，而俯身抓、掐、压制仰卧者，仰卧者可抬腿蹬击其裆部。要领是要抬起腰、臀，使出将身体送出去的力量猛蹬。

②如对方手肘抬起，露出腋下，可用掌夹、风眼捶、勾手等猛击其腋窝。

③直接戳击对方眼睛和咽喉，因为这时距离很近，攻击效果较好。

④如果手臂未被压住，对方的手臂又未形成阻隔（多在抱胸腰时），可用肘尖横击其太阳穴。要点是要用上腰腹之力、旋臂之力。

⑤如歹徒强行亲吻仰卧者，可抓住机会咬掉其鼻尖或舌尖。但要注意的是，被咬伤后的歹徒可能更丧心病狂。因此要在狠咬之后，趁其负痛一时失智的机会，连续进攻，再对其要害部位实施攻击。

⑥以头锋撞其鼻梁，抬头要猛，当对方痛摸鼻梁之际，趁机逃离现场。

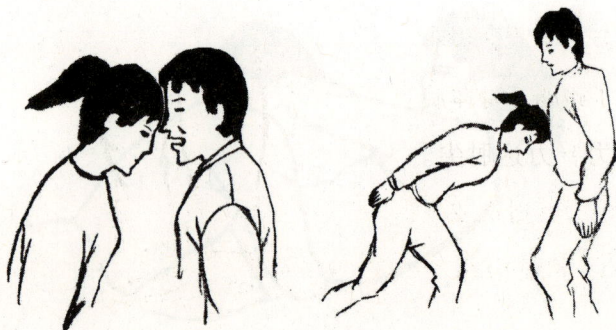

（2）**正面被歹徒抱时怎么对付？**

①肘击太阳穴最为便捷。

正面被对手抱腰，但手臂未同时被抱住，是用肘部攻击对方太阳穴的最好时机。一旦歹徒双手抱住你的腰，他的头部就全部暴露而失去防护了。这时，你可以佯装拒绝他的亲吻等，使上身后仰，造成攻击距离。接着猛然收腹、旋身、挥臂，以肘部猛击其太阳穴。以肘攻击歹徒的太阳穴最好采用连续攻击法。

②攻击其眼睛，折其手指。

正面被抱腰时因为手臂未被抱住，所以这时也可以采用插眼、戳喉等方法。如果只求解脱，可采用折手指技法。

（3）**背后被抱时怎样对付？**

①后腰被抱。抬手以反手横肘向后猛击对方太阳穴，当然别忘了蹬腿，身体旋转发力，力达肘尖。反方向折其拇指或小指。以脚跟猛跺其脚面。

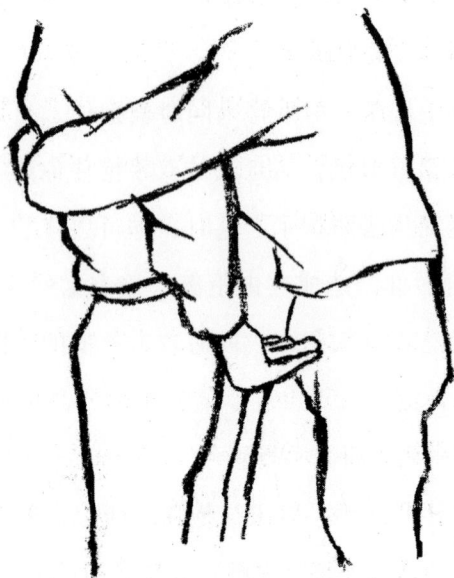

②连手臂后腰被抱。因歹徒注意力在上部，被抱者可伸手抓、握、踢对方的睾丸，这很有隐蔽性，成功可能性很大。需要注意的是，反手掏出，务要准确。如果歹徒抱住的是腰际，那么歹徒必然弯腰，头较低，这时可猛仰头以后脑击其面部。

（4）头发被抓扯时怎么办？

①当被人从正前方抓住头发往前拖扯时，切勿朝相反方向相抗，以免头皮受伤。施暴者一般抓住头发朝上拉扯，孩子的头往往被迫朝上，这时，如果孩子的眼睛也朝着施暴

者，一旦发现施暴者的裆部要害部位全部暴露，应借助自身的力气俯身向前冲，撞击施暴者，再提膝猛撞对方的裆部。尤其要注意的是：很多人抓扯别人头发都有抓住前后推拉的习惯。在他推时，应顺其力后仰或后退，以免受伤；在他拉时，则借其力冲过去提膝攻击。千万不要和歹徒硬抗是关键。

②当孩子侧立被人抓扯头发时，可顺其力侧身弯腰靠近对方，顺势发撩掌击其裆部，然后以手抓握其睾丸。施暴者有时会揪住孩子的头发拖着往前走，这时孩子是在歹徒的背侧位置，头已过其肘前，身在其肩后。这时，应以手掌自施暴者后裆猛地插入，使用掏裆法，握紧其睾丸后提。一手掏裆时，另一手抓抱其腰胯配合发力。

③头发被抓时抱住对方，可用一手掌心向上，四指直插进软肋（肋骨下），扣住肋骨往上扯，对方痛极自然会松手；或双手叠压于对方抓发之手背部，上体前倾弯腰下压或击打对方肘部曲池穴等，对方也会松手。但这些方法都是逃脱之法而非致命之法，似不宜用于对付暴力的歹徒。

3. 防狼、打狼的真实案例

受害者：女孩纤纤

受害时间：凌晨4点

侵害者：21岁的小伙

女孩纤纤不幸遇到了性侵害事件，所幸的是，她用冷静和机智成功地逃脱了侵害。她的亲身经历值得大家，特别是女孩们看一看。

纤纤是一名婚礼策划师。9月中旬，她到外地布置婚礼现场。作为婚礼策划师，跟场通宵早已是家常便饭。因为是厂房婚礼，位置偏僻，而当晚又下起了暴雨，她滞留在乡下无法回城。忙完后，已是凌晨两点左右，她和男同事们找到一家小旅馆。因为同行的只有她一人是女性，所以她单独住一间房。

（可取之处：避开与男同事独处的可能，单人开一间。但女生太迟结束工作回家，不安全。）

房间在一楼，窗户朝向走廊，没有防盗窗。床紧挨着窗户，纤纤检查窗户是否上锁。"但锁扣和家里的不一样，可能是当时疏忽了吧，所以导致小偷后来翻了进来。"纤纤说，因为通宵布场实在困得很，冲澡之后她便穿着外衣入睡了。

（可取之处：检查门窗。但有所疏忽，没有锁好。）

大约4点40分，纤纤忽然醒过来，看见身边躺着一个男人，立马惊吓得坐了起来。男人掐着她的脖子，把她摁倒在床上。纤纤大声质问他是谁，然后挣扎。歹徒让她闭嘴，不许出声。当他压下来的时候，她真的吓哭了。

（可取之处：识别性侵害，明确表态拒绝性侵害。）

听到哭声，他停下来说："不许哭，再哭弄死你。我最讨厌女人哭！"纤纤止住哭声说："叔叔，我和你女儿差不多大吧？"他冷笑："我才21岁，哪来的女儿。"

（可取之处：智取，讲道理。但没有看清对象，没有引起侵害者的共鸣。）

大概是出于职业习惯，纤纤就扯了一个理由继续说："我明天就要结婚了，求你放过我。"他叹了口气问道："你要结婚啦？"……之后纤纤打开话题和他聊天，问他几点了，又问了他的职业、工作和父母情况等。他后来跟纤纤说，他被前女友欺骗劈腿，所以一时恼怒才做出今天这样的举动。在聊天过程中他情绪失控，拿拳头砸自己的脑袋，一遍遍重复说他不会碰纤纤，不会伤害纤纤。纤纤也顺势检查了自己的衣服和身体，没有异样。

（可取之处：继续寻找话题，转移注意力，击破侵害者侵犯她的动机。）

后来，男的说要给纤纤钱，让她去气自己的前女友。纤纤拒绝了，这也是纤纤做得最不对的地方。在纤纤拒绝之

145

后，对方生气了，他开始脱裤子，一只手始终掐着纤纤的脖子，这时纤纤大声提及他的父母，他有一点停顿后，纤纤就开始激烈挣扎。事实证明，当一个人不停在动的时候对方很难抓住你。

（可取之处：在激怒侵害者之后，能够保持冷静，继续缓和侵害者的情绪，伺机寻找机会逃生。但错过了以钱物安抚侵害者的机会，应该保全生命第一。）

纤纤从床上滚到了地下，他试图把她拎到床上，她借势站了起来，往门口跑了三四次，但都被他拽回来。纤纤试图踢他下体，但由于身体无法保持平衡，力气也不大，很难做到。于是开始戳他的眼睛。

（可取之处：踢裆，戳眼。踢裆需要身体适当往后做好准备，不具备攻击力，可当歹徒靠近时先戳眼，或者吐口水，当他有护眼或者擦脸的举动后，再抽脚踢他。）

最后当纤纤摸到门栓打开之后，问他："是不是要闹出人命才罢休？"激怒了歹徒，歹徒说要杀死她。纤纤听着就越发害怕，越发狠狠戳他眼睛，开门逃了出去，大喊："救命啊！杀人啦！"此时，楼道没有人。男子害怕了，便抢了纤纤的手机，准备逃跑。后来同事被吵醒出来，追上去把他制服，报警等警察来把歹徒带走。

第四章
树立生命第一的观念——正确应对性侵害

（可取之处：始终没有放弃自救，戳眼睛，设法开门逃跑，尽管在楼道里没有人出来帮她，但不放过任何叫醒其他房客的机会。）

她说："发生事情一定要靠自救。感谢勇敢的自己在危机时刻冷静下来，幸好我碰到的是个没携带凶器的歹徒，不幸中的万幸。在遇到携带凶器的歹徒时，一定要以保全自己的生命为先！"

综上所述，我们提醒各位家长朋友，在进行性安全教育时，尤其跟孩子谈遇到暴力侵害时，一定要牢记以下几点：

●千万不要白费力气随口谩骂，盲目反抗，这样会激怒他。

●大声呼喊"强奸"、"救火"比喊"杀人"、"打劫"更管用。

●要假意顺从，待对方松懈后再找机会逃走。降低歹徒的警戒心最常见、最有效的方法就是示弱，与之攀谈也可能会获得歹徒的亲切感，换取暂时的人身安全。

●如果情况允许，奋力攻击歹徒的眼、耳、鼻、喉、下体等脆弱部位，然后赶快逃跑，不与之纠缠。

●逃至附近的便利店、商场等人群密集区，向他人求助，并进行报警，也可用脚或者皮包拍打路边的车触响警报器，致电家人朋友来接自己。如果使用的是智能手机，可共享位置，方便警察和家长以最快的速度赶往救助。

疗愈心灵创伤
——把性侵害的影响降到最低

　　9岁女童婷婷被邻居叔叔性侵长达3年。每次婷婷都要扮着很开心的样子一个人乖乖送上门，可家长对此却一无所知。终于有一天妈妈发现婷婷内裤上有污渍，颜色也不对劲，以为是孩子生病了。于是，到医院为女儿开了几味中药。

　　"用药之后好几天，接着又脏了。"经过妈妈多次询问，婷婷才说出了实情：邻居家的叔叔老秦摸过她很多次，有几次还是用尿尿的地方摸的。带到医院检查后，年仅9岁的女孩被诊断为处女膜陈旧性破裂，并患上了盆腔炎、阴道炎等妇科炎症。

　　直到看着"恶魔"被带上警车，好几天都没回来，婷婷才"放胆"向妈妈吐露真相。在女儿的描述中，老秦命令婷婷，每周末都要准时到他家，有时两人一起看电脑，有时老秦会"摸"她，并且还要求婷婷不要把这件事告诉任何人。

　　年轻的妈妈现在只要看到想到类似的场景，都会深受刺

第五章
疗愈心灵创伤——把性侵害的影响降到最低

激。对于女儿的遭遇，妈妈总想问出个所以然来，女儿却怎么也不愿说。

悲剧是无法挽回的，遭性侵带给孩子的心理伤害是巨大的。

类似的事件近年来频发，曾经有学者以某本科院校700名大学生为调查对象，采用儿童期性侵害问卷和家庭因素问卷进行调查，结果发现大学生儿童期性侵害发生率为10.5%，女生为11.7%，男生为5.6%。在调查中，还有一些调查对象怕隐私泄露而隐瞒了被性侵害的事实，实际上儿童性侵害发生率要高于这一调查数据。在2014年广东妇联进行的一项调查中，在受性侵害刑事案件中，女童遭性侵现象最为突出，占案件总数的75%。过去三年，广东逾2500名女童遭性侵，其中近一半在14岁以下，性侵女童者65%是熟人，包括邻里、亲属、老师等，年龄在20周岁以下和50周岁以上居多。同时，男童遭受性侵害的也占相当比例。

心理学研究表明："遭遇性强暴的年龄越小，心灵创伤就越深越大，有的甚至会危害其终生！"

对于孩子来说，他们缺乏自我保护的能力，更多的是依赖于成年人给予的保护。当受到所信赖的成年人性侵犯时，可能会造成受害者的安全感缺失。受害者很容易内化许多与性侵害相关的痛苦和恐惧，其自我认同及认知能力受到严重损伤，有的甚至是颠覆性的。

一、三步观察孩子是否遭到性侵害

　　小学体育老师利用指导体育练习的机会，对8岁的女生小宁实施猥亵，每次都去摸小宁的胸部、下身，并威胁小宁不要把事情告诉家人。小宁非常害怕，每天都不愿意上学，害怕回学校，在家也突然变得沉默寡言，闷闷不乐，不愿意和家人沟通。后来，还产生了抑郁和焦虑。家人询问多次，小宁就是不敢说出真相。一次，妈妈帮小宁洗澡时，小宁指着下面说疼，妈妈一看发现小宁的下身红肿，才了解到实情，便迅速报警。

　　后来，小宁在接受心理医生大半年的治疗之后，情况有所好转，从最初抗拒与医生交流，到如今可以主动跟医生表达一些想法。小宁的妈妈表示，小宁"在家里基本上可以与家人进行沟通，也可以正常吃饭"，但是一旦谈及外出，她就开始发脾气，不愿出门，一听到要回学校上学，就开始哭，拒绝去学校。

　　由于孩子的认知能力有限，他们在遭受性侵害后很难具体明确地向大人求助。因此家长要通过下面三步观察孩子是否遭到性侵害：

　　第一步，观察孩子的生理情况。观察孩子是否存在以下状况：走路或坐下困难或姿势怪异；抱怨生殖器官疼痛或瘙痒；生殖器部分（如肛门、阴道、会阴）、口腔或喉咙有瘀伤、肿胀或流血等情况；性病或怀孕；经常抱怨身体不舒服（如腹痛、胃痛、头痛等），但经医生检查没有生理上的原因。

　　第二步，观察孩子的行为是否有异常。受害儿童往往会出现行为上的异常现象，如不愿上学，性格发生变化。因此，作为家长，要细心观察孩子最近行为上是否出现了异常现象。一般都会有哪些行为异常呢？例如：孩子出现尿床等退化到类似幼儿的行为，甚至可能出现身心发展迟缓的现象；睡眠困扰，如做噩梦、怕入睡；对于更衣、脱衣服或碰触身体感到恐惧反抗，或突然不断地喜欢暴露自己的身体；出现强迫性的行为，包括反复清洗自己的身体，或不能抑制的自杀倾向和行为；身上常出现来源不明的金钱与玩具；出现与年龄不符的性知识、语言及行为；常出现走神、恍惚的眼神、逃学或不易专心学习等。

第三步，情绪上出现莫名骤变。例如：家长感觉孩子突然害怕某些人或某些地方；突然哭泣、变得极端敏感或暴躁易怒；试图成为一个过分"好"的孩子；感觉生气、厌恶、自责、羞愧、肮脏、害怕、焦虑、无安全感及被人出卖的感觉；突然对家长、兄弟姐妹或其他人感到气愤；对加害者给予生理刺激所引发的自然生理反应感到焦虑与困惑等。如果出现了以上情况，家长一定要马上警惕，查明原因，采取措施。

另外，有些孩子可能还会产生以下表现：饮食突然变得没有规律，如吃得过多或吃得太少；频繁受到性侵犯的花季少女们会产生厌食症，或迅速发胖，她们希望自己对施虐者不再具有吸引力；睡眠失调，比平常睡得更多或者更难入睡；孩子们可能会为秘密或隐私所困扰，睡觉时锁上卧室的门等。

二、陪伴孩子，抚慰受伤的心灵

某小学一个数学老师借口给学生辅导，把孩子叫到宿舍里，对其进行猥亵，共有5位女生落入他的魔爪，但在长达三年多的时间里，没有一位女生对家长透露任何信息，直到同校的一位老师无意撞破了这个禽兽老师的行为，家长们才知道自己的孩子受到了性侵害。事后询问这些受害的女生时，孩子们都会提出这样一个相同的问题："如果我们把实情告诉了家长，他们不信任我们怎么办？"其中一个女孩曾这样说："如果遇到这样的事情，还是不敢对妈妈说。"当时这个女孩的妈妈就坐在旁边，她听到自己孩子说的这句话很吃惊。

我们希望孩子的妈妈们反省一下：为什么我们的孩子在需要帮助的时候，不会去主动寻求妈妈的帮助？为什么我们的孩子在需要帮助的时候，他们是这样的不信任妈妈？家长究竟对孩子做了什么，才让孩子在遭遇困境的时候孤军奋战，用自己弱小的身躯和心灵去抗争？

　　如何让孩子信任父母呢？在平时，家长要明确地告诉孩子：你要想尽一切办法让相信你的人知道这件事情，包括爸爸妈妈、爷爷奶奶、叔叔姑姑、姨妈、表姐、老师等，只有这样才会有人来帮助你。如果有孩子对家长说：我能找你来帮助我吗？家长应该立即告诉他：我很愿意帮助你，我会陪伴在你身边，和你一起共同面对问题。

孩子遭遇了一些事情，本身是一层客观伤害，家长对这个事件的看法以及处理方式，会在第二层面上发挥很大的影响。如果处理得好，事件本身的伤害就可以慢慢变小；处理不好，则会给孩子带来更多的心理阴影。家长在处理孩子被性侵害事件的过程中，要从最大限度保护受害孩子的角度出发，由此需要把握以下原则：

1. 无条件地关爱和接纳孩子

给予孩子无条件的爱和接纳，性侵犯的创伤并非个人及家庭的胎记和指纹，即使最惨烈的伤痛也孕育着康复的力量与希望。

家长是孩子最亲近的人，但自己不是孩子，无法知道孩子承受了什么，尤其是这么幼小的孩子，心智和表达都不够成熟，无法很好地将痛苦全然表达出来。因此，可能会有一段很长的时间，孩子会出现痛苦或异常的情绪，家长需要陪伴和无条件地接纳他（她）自然而然地释放，不要去转移、阻止孩子释放痛苦。

家长发现孩子的身体受到伤害后，要第一时间带孩子到医院进行医疗评估和创伤处理，医疗评估可以作为控告罪犯的证据之一；收集能够证明罪犯有罪的相关证据并及时报案。同时家长要以孩子能够理解的方式和语言，向孩子解释身体受到的伤害，并告诉孩子身体很快就能够康复。

国外的研究数据表明，受到性侵害的未成年人有20%到40%没有出现性侵犯所带来的不良精神状况。修复创伤的关键，是受害人能否从家庭成员，特别是从家长那里获得更多支持。

研究发现，国内许多性侵案受害者的家长事后通常会自责和内疚，而这种情绪有时会以愤怒的形式表达出来。极端的情况是，家长会一边责备和打骂孩子，一边自己流泪。

无条件的爱，就是对孩子无条件地接纳，给孩子安全感。让他（她）充分感受到，你永远都是他（她）最值得信赖、最可靠的人，从而让孩子获得一种强大的力量，一种战胜一切困难的力量和自信。孩子的聪明才智只有在宽松、愉悦、安全的情况下才能发挥出来。家长的鼓励、信任、支持将是孩子走向成功的前提。

家长不能急于向孩子了解"发生了什么"，这会引起二次创伤。当伤害已经发生，不要着急去安慰孩子，苍白地讲"没事了，过去了"，因为语言往往苍白无力，实际的行动更能给孩子力量，比如一个拥抱，一个微笑，一个亲吻。在没有征得孩子同意的情况下不要让太多人看望，哪怕是爷爷奶奶等至亲。考虑爸爸与女儿平常关系的亲密程度，在孩子不需要时，爸爸不要长时间陪着女儿。当然，如果平时爸爸与女儿的关系很好，爸爸对女儿的心理创伤修复就显得异常重要了。

心理学研究发现，遗忘了的或者不知道的事情，对人同样有很大的影响。所以，对于孩子的这个时间来说，如果情绪没有得到充分的释放和调整，可能会被压入潜意识，即使看起来完全记不得了，但是当时的感觉依然在身体里封存着，影响着孩子的其他方面，尤其是亲密关系以及对自己的认知。

另外，对于已经明白这是一场发生在自己身上的灾难的孩子，身体完整感和身体形象受到了破坏，孩子会认为自己已经不再是以前那个完美的人了，担心家长不再爱自己。所以，家长一定要经常抱抱孩子，告诉他（她）："你永远是爸爸妈妈的宝贝，我们永远都会爱你！"让孩子明白爸爸妈妈永远不会抛弃他（她）。

家长更要让孩子从拥抱和言语中感受到坚定不移的爱，这是孩子修复心灵创伤的精神力量源泉。家长在应对此类情况的时候，尽量不要当着孩子的面发泄情绪和议论，也不要因此事而显得紧张不安，这会使孩子感觉自己做了什么错误的事情使家长如此不开心。

家长的耐心和细心陪伴很重要，真诚地传递出你们依然爱他（她）、信任他（她）、理解他（她），要给孩子足够的时间和耐心允许他自己慢慢面对和处理。

2.消除孩子的惧怕心理

绘本《我的心里有个洞》，它的内容是这样的：

我的心里有个小小的洞，里面黑黑的，有着没办法说出来的秘密。洞里除了秘密之外，还有痛苦和愤怒，泪水和害怕，污点和千万的疑问。为什么是我？为什么我这么倒霉？为什么没有人保护我？为什么世界这么可怕？小小的洞，除了我，只有我。

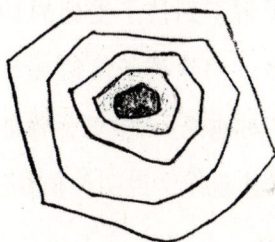

　　这是一个讲述孩子遭受性侵害的绘本故事，孩子产生的负面情绪让我们担忧。如果任由这样的情绪、这样的想法发展下去，后果是非常严重的。当美丽的花儿遭遇害虫入侵后，我们除了抓起害虫，还要更加呵护花儿，不能让它就此枯萎。

　　不要责备孩子。我们要让孩子知道这不是他（她）造成的错误，不要责备孩子没有保护好自己，更不要以打骂已经遭受性侵害的孩子的方式发泄自己的愤怒。家长要态度平和地询问孩子事情发生的具体细节，不要在孩子面前表现出愤怒或吃惊等情绪，那会使孩子被惊吓，不敢说出实情和具体细节，这样家长就了解不到孩子受到的具体伤害。要鼓励孩子将全部细节讲出来，消除孩子惧怕被家长责备和打骂的心理，家长要抱着孩子对他说："宝贝，你能够将这件事情告诉爸爸妈妈，我们非常感谢你，说明你信任我们！"

　　不要给孩子压力。不要让孩子感觉到家长因此事而丢脸，这只会让孩子感到失去最后的保护而陷入更加绝望的深渊。如果家长多次重复询问事情经过，会使孩子担心自己做错了什么，给孩子带来精神压力。

　　让孩子知道爸妈依然爱他（她）。他（她）依然是自己原来深爱着的孩子，一切都没有改变。同时要让孩子放心，受到性侵犯并不是他（她）的错。虽然孩子可能感到有责任和应该受到指责，但性侵犯不是受害者的错，即使他（她）对性侵犯没能说"不"，或没有立即告诉家长，你可以说："这不是你的错！某某让你那样做是错误的。"

告诉孩子被性侵犯，他（她）会得到帮助。正因为他（她）告诉了你，才使你能够想办法来保护他（她），使他（她）免受进一步的伤害。让你的孩子知道，可以做些事情，帮助他（她）摆脱这件事情给他（她）带来的不快。你可以说，"我会尽我所能确保这种事情不再发生。我们需要和一些人，比如和儿童保护机构的人员和警察谈一谈，他们能够帮助我保证你的安全。"告诉你的孩子，你将需要与儿童保护机构的人和警察联系，报告性侵犯事件。让孩子放心，他（她）不会有麻烦的，你会自始至终都站在他（她）的身边，给他（她）以支持和帮助。

3. 不要让孩子反复讲述被伤害的过程

2013 年 5 月的一天，海南省万宁市第二小学校长陈某与该市房管局工作人员冯某带 6 名小学六年级的女生出去玩，并分别与 6 名小学女生开房过夜。在事件发生后，这些受害的女生一共做了三次笔录，反复向有关部门描述事发的细节等。而每次做完笔录后孩子都会出现害怕、焦虑、担忧等情绪，有些孩子一回到家就哭，说不要再打官司了。

发生性侵害后，家长可以让孩子配合公安机关的调查取证，但坚决不要让孩子对公安机关或其他机构或媒体多次叙述被性侵害的过程，这会一次又一次地将孩子带回到心理创伤的情景中，从而造成一次又一次的心理伤害，造成更大的痛苦。大范围的媒体报道会使孩子陷入与同伴关系的困难中，被同伴孤立或被嘲弄，或将此事作为攻击孩子的材料。对于那些被性犯罪恶魔侵犯的孩子来说，这可能只是他们所经受的"二次伤害"的开始。

反复地讲述伤害的过程只能加剧受害人的心理创伤反应。孩子向警方和媒体反复叙述性侵犯经历后，会变得更加焦虑。事实上，在未成年人性侵案调查取证的过程中，如何减少伤害或者不伤害孩子，是全世界都面临的难题。一些发达国家和地区经过多年的探索，形成了比较成熟的理念和操作方式。

在香港，对未成年人进行访谈过程会被全程录像，这个录像就是具有法律效力的证据。不会多次遭到讯问，也不用出庭作证。这种做法背后的司法理念是，在性侵未成年人案件中，经过专业方法获得的未成年受害者口述也可以得到法律认可。

无论是司法机关或者媒体，对于遭遇性侵孩子的姓名、学校信息、家庭信息等，都负有保密的义务。

4. 在生活和学习上更加关心孩子

家长关爱的眼光要全身心地投注到已受到伤害的孩子身上，因为后期心理疏导若不能及时到位，伤痛将一生难以抚平。

研究发现，年幼的孩子往往并不清楚性侵是什么，但当受侵害事实被发现以后，他们会敏感地感知到周围人流露出的异样反应，如果再缺乏家长的支持和保护，孩子将容易产生恐惧、抑郁、对身体接触敏感、行为退缩、性格孤僻、缺乏安全感及对他人的信任、难以与人进行正常交往等障碍。

家长要理解受到性侵害的孩子出现的心理创伤和行为。例如，受害孩子会出现注意力不集中、成绩下降、无心做作业等问题，这是孩子的心理创伤反应，不是孩子学习态度的问题。家长要给予受害孩子更多的宽容和关爱，耐心等待并帮助孩子修复创伤，并及时与老师沟通孩子的心理状况，帮助孩子早日走出心理阴影。

孩子幼年时在性方面遭遇的创伤，在成年时很容易在亲密关系中表现出来，例如不愿意接近异性、无法进入亲密关系等等。所以，在孩子小学五六年级或者月经初潮前后，需要仔细观察孩子的情况，如果孩子出现自闭或者自虐等症状，就要及时寻求支持和帮助。

需要提醒的是，此类事件需要非常智慧有爱的心理咨询师来处理，不要轻易托付给能力不足的机构和老师，以免给孩子造成更大的伤害。

三、心灵重建，相信明天会更好

当孩子遭受性侵害后，家长最应该做的不是责备孩子，而是帮助他们走出心理阴影。帮助孩子走出心理阴影的关键，就是心灵重建，帮助孩子正确对待这个问题，修复自我认知，重建自我价值感。

第五章
疗愈心灵创伤——把性侵害的影响降到最低

1. 别让过去影响你的当下

前面提到的露易丝帮助千千万万人改变了健康状态，提升了生命质量。这位伟大的女性被世界各地的媒体亲切地称为"最接近圣人的人"。

露易丝认为，每个人都有能力采取积极的思维方式，实现身体、精神和心灵的整体健康。"当下"永远是力量的源泉。你生命中经历的所有事件，都是由你过去的思想和信念造成的，它们由你过去的想法，你在昨天、上星期、上个月、去年、十年前、二十年前……所说的话决定的。然而，那是你的过去。它已经过去了，完毕了。重要的是此时此刻你选择什么思想，选择什么信念，说什么话，因为你现在的思想和语言会创建你的未来。你的力量的源泉来自"当下"，它正在形成明天的、下星期的、下个月的、明年的以及以后的经历。

你不妨注意此时此刻你正在思考什么。它是积极的还是消极的？你是否希望现在的理想变为事实，使你的生活有所改变？如果是，那就小心地照顾你的思想吧。

"思想"是可以被"改变"的。无论自己出了什么问题，这问题的根本必然来自我们的思想。自卑仅仅是你讨厌自己、憎恨自己的一种思想反应。你的这种思想在说："我是一个糟糕的人。"这种思想制造出一种感受，令我们失落其中。可是，如果你没有这种思想作怪，你就不会有这种感受了。改变讨厌自己的思想的想法，这种负面的情感就会离你而去。

别让过去的事影响我们，不论这些过去的事是多么消极和痛苦，过去的已经过去了。

过去的事情没有力量战胜我们，"当下"的生活才是我们需要把握的，我们的力量存在于此时此刻。认识到这一点，我们此时此刻便开始自由了。

2. 障碍只存在于我们心中

让我们一起和孩子们做一个游戏，在屋子里准备一条通道，通道上设两个"障碍物"，先让孩子看好要走的通道，然后蒙上眼睛，孩子可以用任何方式通过障碍物，在孩子跨越第一个障碍物之后，我们偷偷将第二个障碍物撤去，孩子在通过第二个障碍物时还是小心翼翼地走，去摸索。孩子完成任务后，让他（她）回过头看看，告诉他（她），其实有些障碍并不一定存在于现实中，而是存在于我们的心中。如果不搬开它，我们的生活会变得很不愉快。

也许受到性侵害这件事给你和孩子留下的心理阴影会根深蒂固，如何消除这种不快乐的心理阴影呢？

作为家长，我们给孩子的指导应该是这样的：

第五章
疗愈心灵创伤——把性侵害的影响降到最低

首先，你要面对产生心理阴影的问题，这是一件什么样的事情，你要清楚明白，你要面对这件事情。

其次，你要接受这件事，事情既然发生了就不可能再改变，你能做的就是接受它。

第三，面对这样的事，你要学会处理，运用你的自信心、你的信仰坚持到底，就会克服这件事带来的心理阴影。

第四，我们知道心理阴影的产生往往是因为一些事情引起的，你需要放下这些事情，才能走出心理阴影。

最后，放下这些产生心理阴影的事情之后，你要做的就是把它忘记，不要再记起。

这样，你就在心理上形成了一个过程，一个消除心理阴影的过程，即面对、接受、处理、放下、忘记的过程。

痛苦的东西无法忘记，是造成你走不出心理阴影的原因。但切记，一定要坚信，任何事情都会成为过去的，你要学会去忘记。

与朋友分享你的难过，这样你的心里会舒服一些。如果你觉得难以启齿，那么可以找一个空旷的地方，大声喊出来，你会舒服很多。我们的心，有时候需要把一些负面的能量尽情地释放，但一定要用健康的方式来做。

这期间一直需要用到的就是心理暗示。

　　这里有个例子：有一座独木桥，人人都可以轻松过去，但要是把桥抬高一百英尺呢？这时你的潜意识会想象出很多关于你掉下桥的情形，那是你的潜意识在作祟。当你犹豫的时候，潜意识通常会战胜你的显意识，也就是说，这些幻想会直接影响你的想法，你的想法胆怯了，自然就没有自信了。即使是你闭着眼都能过的一座普普通通的桥，当你的潜意识里出现了种种可能发生的糟糕情景时，你就会胆怯，就会没有任何自信。

　　根除的方法是：你不要犹豫，直接自信地面对它，只要你自信地面对战胜了第一次，那么就是你不畏惧的开始。最直接的方法就是，这是你生命的一部分，你要学会去包容它，接纳它，让它在你身体里与其他情绪和谐相处。

　　聪明的人比较容易接受心理暗示，因为他们的想象力比较丰富。如果你真的不容易驱除恐惧，那就多尝试几次接触恐惧，去直接面对那个影响你身心的恐惧，你可以告诉自己这是自己身体的一部分，你要无条件地去接纳它，相信它。当你尝试多了，那些恐惧也就不会再影响你了。重要的是，一定要用平和的心态去接纳它。想象一下，恐惧在你面前与你和谐相处的样子。这样就算做噩梦，你也不会害怕了。

3. 寻找自己的能量圈

遇到性侵害，会使人感到难过、绝望，我们要让孩子感受到自己的能量，即面对这一切，要坚强快乐地生活下去。接下来，我们可以让孩子去做一个寻找能量圈的游戏：

首先在一张白纸的中央画一个实心圆点，代表能量的起点，然后以这个实心圆点为中心，画几个半径不等的同心圆，离能量起点越近越重要，散发的能量越强。也许孩子会告诉你：第一个能量圈是他（她）自己，因为在遭受这样的不幸时，首先最该原谅的是自己，这不是自己的错，必须勇敢地面对生活。第二个能量圈是爸爸妈妈，他们时时刻刻在关心我，保护我。第三个能量圈是老师和同学们，相信他们也会给我很多很多的关爱。第四个能量圈是其他我认识的人，相信他们也会理解我，帮助我。是的，我们通过画同心圆的方式，让孩子梳理能量来源，让孩子静下来，去感受身边的能量，让他（她）感受到很多正向的能量正在向他（她）汇集，引导孩子重新发现自己，给予自己重新的肯定与接纳。

受到性侵的孩子不论在身体还是心理上都受到了严重的伤害。有的孩子表现出明显的恐惧、愤怒、焦虑和紧张，也有的孩子竭力压抑这些情绪而表现得麻木冷漠，行为呆滞迟

缓，常见心理感受有恐惧、自责、羞耻、自卑、没有安全
感、不信任他人及自信心缺失等。我们要及时呵护受到伤害
的孩子，如果后期心理疏导不能及时开展，会伤害孩子一
生。帮助孩子最关键的是帮助其修复"自我认知"，恢复其
"自我价值感"，学会慢慢与自己相处，逐步接纳发生在自己
身上的不幸。从理智和情感层面确认自己是受害者，坚信不
幸的经历不会降低自己的生命价值，坚信自己是可以获得别
人的尊重和关爱的。

当代美国著名心理学家詹姆斯·林奇，在他一本很有名
的心理学著作——《我的哭声无人听见》一书中指出，如今
越来越多的人患上了沟通性疾病，生活在孤独之中，并在付
出代价。他指出，所谓的孤单寂寞，是我们毫无提防的生命
猎杀者，不仅导致心理疾病，也使身体疾病呈上升趋势。

在他看来，每个人都应该建立一个相对完善的社会支持
系统。这个系统应该由三部分组成：情感性支持、信息性支
持、物质性支持。其中，信息性支持和物质性支持容易获
得，前者可以通过网络或朋友，后者可以通过亲人或朋友。
但情感性支持则相反，因此经常被忽视。在整个社会支持系
统中，情感性支持恰恰最重要，它意味着别人对你的认同和
理解。

事实证明，一个人在遭遇事件打击时，如果拥有他人的关心，那么他的抗压能力就会提高，就能更好地抵抗压力，不致造成压力后的不良反应。反之，便会陷入孤独无助，最终酿成不良后果。

现在，不妨拿出纸和笔，按亲密程度的不同，以自己为圆心画同心圆，你能画出几个？这个简单的游戏可以形象地勾勒出你的人际支持系统。

4. 你的价值并没有改变

我们可以给孩子做一个活动：一百元的价值。

你可以这样跟孩子说：孩子，如果你手里有一百元人民币，你可以用这一百元做什么事？是的，这一百元可以买一个生日蛋糕送给好朋友，可以去买自己喜欢好久还没买的故事书，也可以去买好玩的遥控汽车。如果这张百元人民币不小心掉在地上，被人踩了一脚，有点脏，你还会要它吗？你肯定会说，这有什么关系，虽然它脏了，可它还是一张一百元，它的价值丝毫没有减少，你还是可以用它去买自己喜欢的东西。

我非常同意你的看法，虽然这张人民币被踩脏了，但它的价值依然存在，丝毫也没有减少。那么我们如果被人伤害了，是否会失去生命的意义呢？当然不会，一个人的价值是无限的，即使在生命的旅途中有过困扰、遭遇过伤害，但这些都不会降低自己的生命价值。

芳芳是一名六年级的女生，她最大的愿望就是长大后当一名老师，站在讲台上给小朋友们讲课。有一天，发生了一件很糟糕的事。放学后，芳芳独自回家，一个有点熟悉的叔叔骗她说爸爸在某宾馆等她一起吃饭。芳芳相信了，就跟着去了，结果那位叔叔没有带她去见爸爸，而是把她带进了一个房间，就开始对她动手动脚，虽然芳芳反抗了，结果还是被那位叔叔侵犯了。后来芳芳和爸爸妈妈报了警，那个坏叔叔受到了应有的惩罚。

在社会上有些人了为满足他们变态的想法，可能会去伤害我们可爱的孩子，所以作为家长，你要告诉孩子，这不是他们的错，不要内疚和害怕，要勇敢地去面对，孩子并没有失去什么，这件事对他（她）以后的生活不会产生什么影响，仍然可以去追逐自己的梦想。像故事中的芳芳一样，只要她继续努力，依然可以实现当一名老师的愿望。

我们可以告诉孩子，在我们的生命当中不仅有阳光明媚的美好，也会有狂风暴雨的冲击，但我们要坚信风雨总会过去，阳光会更美好。这些我们不愿意发生的事，不会对我们的生活造成太大的影响，我们仍然可以为实现我们的愿望继续努力，去创造一个美好的明天。

周大观的故事

小诗人周大观是一个只有一只脚的残疾人。他小小年纪就得了软组织恶性肿瘤，这是一种绝症。可他依然勇敢地与病魔做斗争，在与癌症对抗的过程中，他被截掉了一条腿，但他依然微笑着去面对生活，不放弃一丝生的希望。他生前一共创作了42首积极向上的诗歌，其中就包括这首《我还有一只脚》：

贝多芬双耳失聪，

郑龙水双眼失明，

我还有一只脚，

我要站在地球上。

海伦凯勒双眼失明，

郑丰喜双脚畸形，

我还有一只脚，

我要走遍美丽的世界。

家长们，我们可以给孩子讲讲周大观的故事，告诉孩子，周大观虽然只有一只脚，但是他还想要走遍这美丽的世界。作为一个健康和健全的人，我们是不是更应该走遍这美丽的世界呢？让孩子用周大观和上文中受到性侵害的芳芳两人来比较，看看他们谁遇到的挫折更大。

内容	周大观	芳芳
行走		
生活方式		
学习方式		
生命时间		
追逐梦想		
生活态度		

让孩子发现，周大观行走不方便，每天只能躺在医院里和病魔斗争，而芳芳的生命其实并没有改变，她还是可以和正常人一样学习、生活，依然可以去追逐她的梦想。孩子们会懂得身患绝症的周大观能勇敢、积极地面对生活，受到性侵犯的人更要乐观地面对生活，珍惜生命。

著名军旅歌手徐晓璇唱过一首歌《珍爱生命》：

给你一串星光把你的梦照亮

醒来看看太阳的方向

第五章

疗愈心灵创伤——把性侵害的影响降到最低

青春 不再彷徨

生命 不再摇晃

给你一把力量让你的心坚强

一路挺起自信的胸膛

忘记 过去忧伤

张开生活的翅膀

让我们珍爱生命吧

历经雨雪风霜

平淡也辉煌

越过山川和海洋

与那笑声激情冲浪

让我们珍爱生命吧

让我们一起歌唱

一起飞翔

走过那山高水长

到处可见明媚的春光

是的，人生，是一次艰难的旅程。任何事情都不是一帆风顺的。在人生的道路上，我们随时都可能面临挫折、痛苦和伤害，而这种种的不幸正是生命对我们的考验，也是我们对困难的挑战。望望蓝天，望望小鸟，望望阳光普照的大地，望望人世间的一切美好事物，你会明白，这个充满生机的世界是阳光普照的，不会因你的一次失败而改变。你大可以重新再来，从哪儿摔倒了就从哪儿站起来，只要你勇敢去面对人生中的失败，敢于去克服它，你的未来就是一条康庄大道，在人生旅程中即使受到了伤害，也不会失去生命的价值，自己依然会获得别人的尊重和关爱。人生，不是一朝一夕可以去了解的。生命赋予我们的意义是无数次失败与成功告诉我们的深刻道理。

在生活的道路上，我们可能会遇到性伤害或性骚扰，但这绝对不是我们的错，被性伤害的孩子和其他孩子一样完美，这一朵玫瑰和那一朵玫瑰并无区别，如有区别，只是这一朵更加勇敢坚强。

四、拿起法律武器，保护未成年人权益

我们几乎每天都能看到未成年人受到性侵害的新闻，且该类案件数量在近年来呈现上升趋势。由于性侵害具有隐蔽性，这些数据也许只是儿童性侵害的冰山一角。那么发生性侵害后，家长如何通过法律保护孩子的权益和身心健康呢？

第五章
疗愈心灵创伤——把性侵害的影响降到最低

1. 家长法律维权过程

（1）**及时报警，保留证据**。当家长发现孩子被性侵或猥亵后，要第一时间拨打报警电话110，向公安部门报案。报案时要尽量冷静，向警方描述出事的地点、时间、犯罪者的体貌特征、事件的前因后果，而后听从警方指挥。因为涉嫌强奸猥亵儿童，是非常严重的罪行，公安机关都会非常重视。接到报警后，警方会立即对嫌疑人进行拘留谈话，并进行必要的调查取证，有重大嫌疑的会立案侦查。

家长要尽可能保留证据：（1）物证，比如被撕破的丝袜、内裤、衣服，用来胁迫用的凶器等等。（2）现场留下的痕迹、遗留的精斑等。（3）有小区监控等记录。（4）短信、通话记录、书证等其他证据。证明案件真实情况的一切事实，都是证据，家长都要做好保留看管工作，直到移交给警方。警察会对证据进行查证、保存，认定属实后，才能作为定案的根据。虽然在儿童性侵害案件中，举证责任由警方承担，但家长要在孩子不再受到伤害的情况下，积极配合警方调查，并及时了解侦查情况和进度，如果发现有新的证据，要及时提供给公安部门。

（2）**公安部门侦查终结，移送检察机关**。经过公安部门侦查后，认为犯罪事实清楚，证据确实充分，需要追究刑事责任，在这个阶段会向检察机关移交案件。检察机关会审查案件，如果发现证据不足可以要求公安机关补充侦查，或下证据不足不予起诉的决定。如果认为构成犯罪的，向人民法院提起公诉。

如果家长要求对方进行经济赔偿的，根据《中华人民共和国刑事诉讼法》第九十九条规定："被害人由于被告人的犯罪行为而遭受物质损失的，在刑事诉讼过程中，有权提起附带民事诉讼。"在审判中家长可以提出刑事附带民事赔偿，包括各种损失以及精神赔偿，这时家长需要收集所有支持赔偿要求的材料，例如医药费、因本案产生的车旅费发票、证明孩子精神受到伤害的诊断书、药品发票以及家长误工费等材料，向法院提起附带民事诉讼。在这个阶段，家长要及时向检察机关了解案件进展和开庭时间。

（3）检察机关提起公诉，人民法院开庭审理。在庭审过程中，通过法庭调查及控方与被告人及辩护人双方的辩论，核实证据查清事实，然后对被告人的行为进行是否有罪及罪名和量刑裁判。

2. 保护未成年人防止性侵害的法律依据

对于儿童性侵害，由于在中国没有专门性的立法，且不实行判例法制度，因此，涉及儿童性侵害的法律散见于《刑法》、《未成年人保护法》、《预防未成年人犯罪法》、《治安管理处罚条例》等法律法规以及相关的司法解释中。

《刑法》第三十六条规定："由于犯罪行为而使被害人遭受经济损失的，对犯罪分子除依法给予刑事处罚外，并应根据情况判处赔偿经济损失。"《中华人民共和国未成年人保护法》第四十一条规定："禁止拐卖、绑架、虐待未成年人，禁止对未成年人实施性侵害。"联合国《儿童权利公约》第三十四条规定："缔约国承担保护儿童免遭一切形式的色情剥削和性侵害之害，缔约国尤其应采取一切适当的国家、双边和多边措施，以防止：引诱或强迫儿童从事任何非法的性活动；利用儿童卖淫或从事其他非法的性行为；利用儿童进行淫秽表演和充当淫秽题材。"

对于儿童性侵案的量刑，法庭一般会根据《刑法》第二百三十六条："以暴力、胁迫或者其他手段强奸妇女的，处三年以上十年以下有期徒刑。奸淫不满十四周岁的幼女的，以强奸论，从重处罚。

"强奸妇女、奸淫幼女，有下列情形之一的，处十年以上有期徒刑、无期徒刑或者死刑：

"（一）强奸妇女、奸淫幼女情节恶劣的；

"（二）强奸妇女、奸淫幼女多人的；

"（三）在公共场所当众强奸妇女的；

"（四）二人以上轮奸的；

"（五）致使被害人重伤、死亡或者造成其他严重后果的。"

对于猥亵儿童罪，《刑法》第二百三十七条第二款规定：以暴力、胁迫或者其他方法强制猥亵妇女或者侮辱妇女的，处五年以下有期徒刑或者拘役。聚众或者在公共场所当众犯前款罪的，处五年以上有期徒刑。猥亵儿童的，依照前两款的规定从重处罚。

另外，在2015年8月29日通过、11月正式施行的《刑法修正案（九）》中，废除了嫖宿幼女罪，并入强奸罪，加重了惩罚力度，而且把猥亵罪客体扩大到男性。

第五章
疗愈心灵创伤——把性侵害的影响降到最低

参考案例 1：

被告人鲍某某，男，汉族，大专文化，小学教师。从 2009 年 4 月至 2011 年 6 月，鲍某某在某村小学担任任课教师期间，利用教师身份，以辅导学习、打扫卫生、打乒乓球等名义，先后将方某某、徐某、冯某某、徐某某、方某、詹某某、郭某某骗至学校器材室、办公室和油印室等处，强迫上述 7 名被害女学生观看淫秽图片和录像，趁机摸弄被害人胸部、阴部，猥亵每个被害人共计数十次；又以此方式，奸淫方某某、徐某、冯某某、徐某某、方某、詹某某共计数十次，并且拍摄了 6 名被害女生的裸照、被奸淫的照片、视频。2011 年 9 月 19 日，鲍某某被人举报后，在学校校长等人陪同下到公安机关投案，供述了大部分猥亵女生的事实。

法院认为：被告人鲍某某奸淫不满 14 周岁幼女，其行为已构成强奸罪；猥亵不满 14 周岁幼女，其行为又构成猥亵儿童罪。应依法予以并罚。鲍某某利用教师身份，在两年多时间里猥亵幼女 7 人，多达数十次，并将其中 6 人奸淫，又达数十次，还拍摄 6 名幼女的裸照及被强奸的照片、视频，严重破坏学校的教学秩序，极大地伤害了学生的身体和精神健康，情节极其恶劣，罪行极其严重，影响极其深远，社会危害极大，均应依法惩处。

鲍某某投案后供述了猥亵幼女的主要罪行，其所犯猥亵儿童罪构成自首，可以从轻处罚，但其所犯强奸罪不构成自首，依法不能从轻处罚。据此，依法认定被告人鲍某某犯强奸罪，判处死刑，剥夺政治权利终身；犯猥亵儿童罪，判处有期徒刑五年；数罪并罚，决定执行死刑，剥夺政治权利终身。经最高人民法院复核核准，罪犯鲍某某被依法执行死刑。

参考案例2：

2013年5月8日，海南省万宁市后郎小学六名就读六年级的小学女生集体失踪，引起老师和家长极度恐慌，后来得知该六名女生被万宁市第二小学校长陈在鹏及万宁市一政府单位职员冯小松带走开房。

2013年5月8日，李某某、吴某某、肖某等7名女生相约离家打工。陈在鹏驾车将7名女生带到万宁市某大酒店，途中1名女生被家人叫回。到酒店门口处，陈在鹏给李某某钱开了一间包厢，供6名女生（6人均不满14周岁）打牌，然后离开。当晚，经吴某某要求，冯小松带走其和同学符某某前往另一酒店开房同宿。陈在鹏则带另外4人到隔壁KTV开包厢唱歌，然后在原酒店开两间房，和其中两人同处一室。

据办案法官介绍，陈在鹏在与李某某、肖某同宿时，以

第五章
疗愈心灵创伤——把性侵害的影响降到最低

金钱引诱两人与其发生性关系，并实施了强奸行为，但因两人的拒绝和反抗而未得逞。冯小松在与吴某某以及符某某同宿时，欲对吴某某实施强奸行为，但因吴某某的反抗和符某某的阻挠而未得逞。

本案在海南省第一中级人民法院对案件进行不公开审理，综合两被告人的所有量刑情节，经合议庭评议并经审判委员会讨论决定，依照《中华人民共和国刑法》第二百三十六条第一款、第二款、第三款第（一）项、第二十三条、第五十五条第一款、第五十六条第一款、第六十七条第三款之规定，以及最高人民法院关于量刑规范化的相关规定，以强奸罪，分别判处陈在鹏有期徒刑十三年六个月，剥夺政治权利三年；判处冯小松有期徒刑十一年六个月，剥夺政治权利一年。

3. 援助性保护的法律依据

2005年12月14日，40岁的老郭发现邻居12岁的女儿芳芳独自一人在家，即产生奸淫恶念，遂强行将芳芳拉到东卧室内，采取捂嘴、强行脱衣裤等手段将其奸淫。后来芳芳把事情告诉了家人，家人报警后却因为没有文化，经济困难，不知道接下来该到哪里寻求帮助。

现实中，很多受害的未成年人多是外来流动人口及农村留守儿童，其文化程度低，并不知晓该法律权利和相应程序，我国也规定了相应的法律对这些弱势群体进行保护。

1.《中华人民共和国法律援助条例》规定了经济困难的公诉案件的被害人享有申请法律援助的权利。受害人的家长可以到当地司法局提出申请，请求法律援助。司法局应当及时指派熟悉未成年人身心特点的律师为其提供法律帮助。

2.《关于依法惩治性侵害未成年人犯罪的意见》规定了人民法院、人民检察院应帮助经济困难，需要法律援助的未成年被害人申请法律援助。家长也可以通过法院、检察院得到帮助。

3.妇联有依法维护妇女儿童的合法权益的职责，受害儿童及家长可以到当地妇联寻求帮助，通过妇联得到法律上的援助。

4. 未成年被害人尊严和隐私权的保护

《关于依法惩治性侵害未成年人犯罪的意见》对未成年受害人尊严的保护较为专业和详细，其第六条规定性侵害未成

第五章
疗愈心灵创伤——把性侵害的影响降到最低

年人犯罪案件，应当由熟悉未成年人身心特点的办案人员办理；并规定应有女性工作人员参与被害人为未成年女性的案件。针对诉讼过程中不当询问方式对未成年被害人造成的二次伤害，该意见还规定了专门的询问方式，即：询问未成年被害人，应当考虑其身心特点，采取和缓的方式进行。对与性侵害犯罪有关的事实应当进行全面询问，以一次询问为原则，尽可能避免反复询问等。

关于隐私权的保护，我国也有此方面的相关规定，如《刑事诉讼法》第一百八十三条要求有关个人隐私的案件不公开审理。《公安机关办理刑事案件程序规定》做出"询问中，涉及证人被害人的隐私，应当保守秘密"的规定。

《关于依法惩治性侵害未成年人犯罪的意见》更是将性犯罪未成年受害人的隐私权作为重中之重，对此作了详细规定。首先其第五条规定了司法机关及相关诉讼参与人对被害人隐私权的保护，要求办理性侵害未成年人犯罪案件，所有的诉讼参与人应对涉及未成年受害人的身份信息和相关的资料、性侵害细节等予以保密。此外，为了解决取证时可能对受害未成年人隐私的泄露，该意见还规定办案人员到相关地点调查取证时，应当避免驾驶警车、穿着制服或者采取其他可能暴露受害人身份、影响受害人名誉、隐私的方式。

近些年来，未成年人遭受性侵害的案件不时发生。在办案过程中，一旦披露受害者过多的个人信息，往往会对其造成二次伤害。对此，有些地方就出台一项新的规定：未成年受害人确有需要出庭的，采取视频方式参与庭审，并对声音进行处理，确保其外貌和声音不被暴露。

此外，对外公开的法律文书中将不得披露未成年受害人的身份信息，对性侵害的事实叙述应适度。庭审时也不可宣读未成年受害人的姓名、家庭住址、学校等可以推断其身份的信息。

办案机关在询问未成年受害人时，将遵循"一次询问"原则，即公安机关询问时全程同步录音录像，检察机关、法院不再询问，避免造成二次伤害。询问地点应在未成年受害人家中，或装饰为家居风格的公安机关询问室，营造安全、舒适、亲切的氛围。